ちくま新書

邪馬台国再

国・ヤマト政権

小林敏男
Kobayashi Toshio

1628

邪馬台国再考――女王国・邪馬台国・ヤマト政権【目次】

まえがき

邪馬台国論争というとき、まず一般の人達の関心が注がれるのは、邪馬台国の所在地論争であろう。それは、畿内ヤマトであったのか、それとも九州（とくに北九州）にあったのかという論争である。その所在地はもちろん、上記の二カ所に限られているわけでなく、一般的には、様々な所在地をめぐる論争が郷土意識もからんで進行していったのも事実である。また町おこしとしての邪馬台国論争も一時盛んであった。そして近年では纒向（まきむく）遺跡（奈良県桜井市）の発掘成果にみられるように、考古学の方面からの邪馬台国問題が賑やかである。文献史学を専攻する筆者としては、考古学のめざましい進展はうらやましい限りである。

筆者は大学の卒論の段階から邪馬台国問題（所在地論争だけでなく）に関心をよせ、それをずっと引き摺ってきた。邪馬台国の重要な論点、問題点、課題に関してはだいたいは目を通しているつもりであるが、文献史学者としてまず必要なのは、やはり研究史の把握であろう。今回この小著を書くにあたって重視したのは、先人の、とくに戦前の大家の論文・著書である。そこでは、大事な論点・問題点はほぼ提起されており、その論争もそれなりに過激である。ただ、戦前の論文・著書はなかなか手に入らなかったこともあって、労を省いたことも反省としてはある。

さて、本書の核心は、北九州のヤマト国である女王国（卑弥呼・壹与の国）と畿内ヤマトの邪馬台国とを別個の国として分離し、その併存・対立の関係性を考えたことである。いわば、ヤマト国が北九州と畿内ヤマトに二つあったということにもなる。このような結論となった出発点は、『魏志』倭人伝に里数記事で示された女王国（帯方郡（たいほうぐん）から一万二千余里）と、日数記事で示された邪馬台国（不弥国（ふみこく）から水行二十日の投馬国（つまこく）、さらに水行十日・陸行一月の邪馬台国）の質的に異なった複数の行程史料があったことによる。

おそらく、『魏志』倭人伝の撰者陳寿（ちんじゅ）は、女王国を邪馬台国と同一のものとして理解してしまった。女王国は普通名詞であるから、その固有の国名を求めて邪馬台国をそれに想定したのである。それが「南、邪馬台国に至る、女王の都する所、水行十日・陸行一月」の文句である。これは陳寿の史料操作によるものである。

筆者が以上のような結論を得たのは、『魏略』『広志』などの逸書の解釈や『魏志』倭人伝の本文の史料批判から導き出したものであって（第四章、第五章）、決して奇を衒った憶測ではない。

さらに重要になるのは、こうした北九州の女王国と畿内ヤマトの邪馬台国との政治的関係性を三世紀から四世紀にかけての国家形成史の中でどのように具体化できるかである。この場合、邪馬台国の性格（内容）が問題となるが、それをのちのヤマト朝廷につながる初期ヤマト政権とみなし、崇神・垂仁・景行天皇の時代に該当するものと規定した（第八章）。

したがって、四世紀中頃までには畿内の邪馬台国は北九州の女王国を打倒し、朝鮮半島に進出していくのであるが、このヤマト政権から、四世紀後半以降のヤマト王権への時代は、「空白の四世紀」「謎の四世紀」といわれて、それなりに議論がやかましいところである。本書では第八章、「おわりに」を設けることで、記・紀の活用に手をつけてみた。

最後に筆者の基本的な姿勢というか、考え方についてふれておきたい。

第一は、歴史の形成・発展といったものを直線的で単線的にならないように、複合的な視点を大切にしたこと。

第二に、これは『古事記』『日本書紀』の史料批判とからんでくるのであるが、〝批判〟を造作・作為という形で片づけてしまわないように注意すべきこと。

第三に、第二とも関連するものであるが、伝承力を重んじた点、これは批判力を鈍化させる側面もあるが、古い時代の史書では史実の核を探究する上では伝承に目配りすることも必要ではないか。

第四に、研究史は可能な限り古い時代に遡(さかのぼ)らせるべきこと。過去の大家の構想・分析のなかから新しい発展の要素を見いだせることが多いからである。あるいは見落とされていることの再発見でもある。

第一章 研究史の流れ

1　白石と宣長

†邪馬台国研究の先駆者・新井白石

邪馬台国問題は、その論争史の長さ、その国民的ともいえる関心の強さ、研究に参加した人数の多さや研究者の専門分野の裾野の広さという点で論争史上、特別な位置を占めている。

邪馬台国というと人々は、それはどこにあったのか、九州なのか大和（ヤマト）なのかという所在地論争にまずは目を向ける。もちろん、それは正当な論争点であって、単純な場所探しという問題ではなく、日本の古代国家の始源、古代国家の形成史、国家形態にかかわる問題であって、その重要性は計り知れない。

さて、邪馬台国問題の研究の出発点は、江戸時代の新井白石と本居宣長（もとおりのりなが）に遡る。新井白石（一六五七〜一七二五年）は、江戸中期の儒学者で「正徳（しょうとく）の治」（一七一一〜一六年）を主導した政治家としても有名な人物である。白石は、『魏志』を実録とみなし、『日本紀』（『日本書紀』のこと）は、正史であるが、はるか後代のこしらえたるものと断じているという。(1) そして、『日本書紀』（以下、『書紀』とする）の神功皇后紀に『魏志ニ云ク』という派遣記事の注にみえる倭女王（卑弥呼）との関係性について問題とした。

白石は倭女王卑弥呼は神功皇后（息長帯姫）を「日女子」と中国音で記したものであるとした上で『書紀』の紀年にも疑問を呈している。白石は『魏志』倭人伝に景初二年六月に倭女王が魏に通交したことに対して、これは納得できないことで、景初二年六月にはいまだ遼東半島の公孫淵が中国への通路を塞いでおり、我が国の使節が帯方郡に到着することができないとする。一方、『書紀』神功皇后摂政紀三十九年六月条（景初三年六月）にも魏と通交したことが記されているが、白石は『魏志』とともにこれも事実を伝えたものでないという。これは、『古事記』の崩年干支によって考えると、『魏志』にみる正始四年（西暦二四三年）に倭王が魏に貢物を献上したとあって、これがわが朝廷（神功皇后）が魏に通交した最初であろうとしている。

ここで白石が『古事記』によって考えるといっているのは、『書紀』の紀年を疑い、『古事記』の崩年干支にもとづいて紀年を正そうとしていることをいう。白石は、神功皇后の天皇（夫）である仲哀天皇の崩年干支「壬戌」年を基準として、それを正始三（二四二）年の年に当たるとして崩年干支を仲哀天皇—神功皇后に引き当てて考えている。

それによれば、仲哀崩御（五十二歳）の「壬戌（じんじゅつ）」年（正始三年、二四二年）のあと、翌年に神功皇后は摂政の地位に就き、この神功皇后によって魏との通交が始まった。それが正始四年であり、神功皇后摂政元年になるとしている。すなわち、『書紀』の神功皇后摂政四十三年（正始四年にあたる）が摂政元年であり、そこに四十三年の錯誤が生じているということになる。ただ、白石は推古天皇十二年（六〇四年）に我国で初めて暦が行われた（『政治要略』による）のであるから『古事記』の崩年干支も全く誤りがないとは考えられないとした上で、ただ、『日本紀』よりはすぐれていると主張している。(2)

『書紀』紀年の修正は、今日でも厄介で困難な問題であるが、『古事記』の崩年干支をもって、『書紀』の紀年を修正することは、とくに明治（近代）になってから史料批判として試みられてきたことで、筆者も一定の理解をもっている。そこでは、仲哀天皇の崩年干支「壬戌」は、西暦で三六二年とみるのが崩年干支全体の整合性からみても自然で一般的な見方であろう（第三章の表1を参照のこと）。したがって、魏と『書紀』紀年との関係でいえば、魏と仲哀天皇・神功皇后との関係を固定化するのでなく、歴代天皇の代を繰りあげて考えるのが一般的な論理であろう。すなわち、魏の時代が『書紀』の仲哀天皇—神功皇后の時代ではないということである。この点は後述する。

それにしても白石がこの時代に『書紀』の紀年修正を問題にしたのは驚きである。白石は儒学者としての合理的精神をもって『魏志』などの中国の史書に対応し、『倭人伝』にみえる倭の国々の比定や官名などの比定にも手をつけた。その意味で、佐伯有清[3]のいうように白石を邪馬台国研究の先駆者とよんでも異議はないだろう。

なお、所在地論争でいえば、白石は当初邪馬台国大和説であり、狗奴国を肥後国球磨郡、狗奴国の官名「狗古智卑狗」を菊池彦としている。ただし、これは『古史通或問』でのことで、のち『外国之事調書』では邪馬台国を筑後国山門郡に比定し、九州説に変わっているという[4]。その辺の事情はよくわかっていないが、おそらく『古史通或問』でも倭人伝の国々の比定地が投馬国のみ除いて、すべて九州内に比定されているところから来ているのであろう。

†本居宣長の熊襲偽僭説

一方、白石より時代は下るが、『古事記』の注釈書『古事記伝』(全四十四巻、一七九八年完成)をあらわし、古学(国学)の完成者といわれた本居宣長(一七三〇〜一八〇一年)も邪馬台国研究史上見逃すことのできない一人である。

宣長は、邪馬台国は大和国には当たらないことを『魏志』倭人伝の日程記事や方向記事の考証から主張した。また卑弥呼は「姫児・姫尊」で、神功皇后の御名の息長帯姫尊を「三韓などより、ひがことまじりに伝へ聞奉りて、かけるもの也」(5)として、『魏志』倭人伝にみえる景初・正始は魏の年号で、まことに「姫尊」の御世にあたっている。しかし「此時にかの国(魏——小林)へ使をつかはしたるよししるせるは、皆まことの皇朝(大和朝廷——小林)の御使にはあらず。筑紫の南のかたにていきほひある、熊襲などのたぐひなりしものの、女王の御名のもろもろのからくに(戎の国、韓国——小林)まで高くかゞやきませるをもて、その御使といつはりて、私につかはしたりし使也」(6)とした。すなわち、実際に魏に使者を遣わしたのは南九州の熊襲の類で、女王(息長帯姫尊)の御名を偽ってのことだとする。いわゆる偽僭説のはじまりである。

宣長は、息長帯姫尊の御代に魏との通交があったというのは「みないつはりごと」で、『古事記』『書紀』にも記すところがないと断じた。ただ、『書紀』の神功皇后摂政紀の三十九年、四十年、四十三年条には本文記事がなく『魏志』の文のみが引用されている。すなわち、神功皇后紀三十九年条には「是年太歳己未。魏志に云く……」とあり、四十年条には「魏志に云く……」、四十三年条にも同じく「魏志に云く……」と分注形式で『魏志』倭人伝が引用されている（省略文ではあるが）。

このことについて宣長は「後の人の魏志をよみて、その語を、かたはらへかきいれおきしを、又後にうつす人の、あやまちて正しく本文のごとかきなしたる物にて、さらにもとよりの文にはあらざること、そのかきざまをもてもさとるべし」とのべた上で、神功皇后紀に「たゞ某年とのみいひて、からぶみ（すなわち、魏志――小林）を引クことは例もことわりも、さらになきこと也」、また三十九年条に「是年也大歳己未」とする干支記事があるが、これも「もとよりの文にあらざるしるし也」として、太歳記事は天皇の御代御代のはじめの所にのみ記せるのが例でこうしたことはないと主張している[7]。

宣長が以上のように指摘した『書紀』の「かきざま」については、実は『書紀』の紀年（年紀）、編年上の問題となるので後述したい。

この宣長の熊襲偽僭説は、このあと大きな影響力をもった。宣長の場合は、卑弥呼が皇朝の息長帯姫（神功皇后）であるとする基本的立場は動かなかったものの、のちの江戸末期の国学者鶴峯戊申[8]（一七八八～一八五九年）になると「熊襲の卑弥呼」といえる女子が神功皇后に擬して遣使したとしており、卑弥呼の熊襲よりの色合いが強くなってくる。邪馬台国（卑弥呼）熊襲説（薩摩・大隅の地）である。

2 内藤湖南と白鳥庫吉

✝内藤湖南の邪馬台国大和説

明治になると邪馬台国（卑弥呼）南九州（鹿児島県）説が力をもってくる。例えば菅政友[9]の大隅・薩摩説、吉田東伍[10]の大隅国曽於郡姫城説（鹿児島県国分、姫城）、那珂通世[11]も同じく姫城説であり、当時一流の大家にそれがみえる。

さて、近代明治になると、有名な那珂通世の『書紀』紀年の修正となった讖緯説（辛酉革命説）が提示され、卑弥呼の時代を神功皇后の時代とする『書紀』の紀年論は修正され、卑弥呼は神功皇后から離れはじめる。そうした状況のなかで、明治の末年になって、邪馬台国の大和説と九州説の本格的な所在地論争が開始される。その代表格は京都帝国大学の内藤湖南と東京帝国大学の白鳥庫吉である。[12]二人とも東洋史学の大家であった。

内藤湖南（一八六六〜一九三四年）は、邪馬台国大和説の立場にたって、卑弥呼を垂仁天皇(皇統譜十一代)の皇女倭姫命に擬定した。また「男弟」を景行天皇(皇統譜十二代)とした。倭姫命は垂仁天皇の皇女で、伊勢内宮の斎王(斎宮)であり、倭建命に草薙剣と火打ち石を賜与し助力した女性としても有名である。また内藤は「倭国の大乱」を崇神・垂仁朝のこととしており、基本的には『魏志』倭人伝を記・紀の文脈のなかで読みかえようとしている。[13] ただし、これらは従来の卑弥呼を神功皇后とみる当時の邪馬台国大和説の固定化を一歩具体的に踏み出して研究の場を拡げたものである。

内藤にあって特に重要であったのは、『魏志』倭人伝の諸本の比較検討、そして本文の原典批判(倭人伝の本文が魚豢の『魏略』によって改変をうけていることなど)、倭人伝の善本の探究(伝本から版本へ)などの根本的な史料論に関わる功績であった。[14] いわば東洋史学からのアプローチであった。

†白鳥庫吉の邪馬台国北九州説

一方、白鳥庫吉(一八六五~一九四二年)は、邪馬台国北九州説の立場に立って、倭人伝の本文の精緻な考証を試みた。それは里数・日数の道程記事や方向記事の分析によったもので、邪馬台国を肥後国菊池郡山門郷の内にもとめた。また卑弥呼は「姫ノ尊」で、女王の尊称で実名ではないこと、狗奴国の男王も「卑弓弥呼」、すなわち「彦ノ尊」という尊称であって、この二王はともに九州における二大勢力であることを認めた。いわば、邪馬台国熊襲説から離れて、一大政治勢力としての卑弥呼の邪馬台国を展開したのである。このような結論になったのは、白鳥が那珂通世の『上世年紀考』によって、卑弥呼の時代を崇神天皇（皇統譜十代）の時代とみなしており（崇神天皇の実年代を『古事記』の崩年干支戊寅によって二五八年とみる）、「当時皇朝（大和朝廷──小林）の威力は未だ九州には及ばなかった」「九州北部が王化に靡いたのは景行朝から成務朝に亙ってである」と考えていたからである。[15] 白鳥にあっては、畿内の大和朝廷と北九州の邪馬台国が併存していたという見方である。北九州が古代史上において一つの政治勢力としてクローズアップされた点は意義のある研究であった。

右の畿内のヤマト朝廷と北九州の邪馬台国の併存を唱える説は、その後、東洋史家の橋本増吉や日本史家の喜田貞吉[16]にも発展した形でみられる。とくに橋本増吉のものは、明治四十三年以来の諸論考の積み重ねがあって、最後は大著『改訂増補・東洋史上より見たる日本上古史研究』[17]（昭和三十一年刊）に完成した形のものがみえており、邪馬台国問題にその批判的分析と実証主義がつらぬかれている。

3 戦後の邪馬台国論の特徴

†日本史学の展開

戦後(太平洋戦争後)の邪馬台国問題は、日本史学の研究者が牽引した。それは、近代史学の実証主義精神にもとづく記・紀の文献批判と史的唯物論の影響もあって、階級社会から国家形成への道筋の中に邪馬台国を位置づけようとする志向をもっていた。所在地論争にからめていえば、三〜五世紀の歴史社会段階を英雄時代とみる論者は邪馬台国九州説へ傾き、一方その段階を専制国家へ傾斜していた時代とみる論者は邪馬台国大和説というのが、大雑把な分類であった。ここでは詳細は省くが、英雄時代論者は、階級分化を認めつつも、まだ部族同盟(原始的民主制)段階を考えていた。一方、専制国家論者は、王権の世襲化、王のデスポット化を主張するものであった。

高度成長期に入ると邪馬台国論争も大衆化の流れのなかで、国民的関心をよび、松本清張の『古代史疑』[18]や高木彬光(あきみつ)の『邪馬台国の秘密』[19]、宮崎康平『まぼろしの邪馬台国』[20]をはじめとして、多数の在野の研究者も加わり、その平易でわかりやすい文章をもって、学者―学会のアカデミズムの権威に対する挑戦をくり広げた。いわば、細かい専門性の壁をやぶって、邪馬台国論争を大衆的なものにしようとしたのである。

戦後の大きな研究史の流れは、記・紀の文献批判と中国史書の重視であり、また考古学の積極的な参加であった。戦後になると、次第に記・紀と『魏志』の分離の流れが明確になっていく。邪馬台国九州論者にあっては、ヤマト朝廷（記・紀の）とは関係なく、邪馬台国そのものを論ずることができたし、畿内大和論者にあっても、記・紀の文脈に沿って邪馬台国を検討するのでなく、邪馬台国自体の内在的究明の方が優先され、三世紀の邪馬台国段階と四世紀初め頃からのヤマト政権（のちのヤマト朝廷）の段階とは区別されて論じられた。

†考古学からのアプローチ

一方、考古学の方からのアプローチは当初は補完的なものにとどまっていたが、そうしたなかでも注目をあびたのは三角縁神獣鏡（さんかくえんしんじゅうきょう）の分布による邪馬台国ヤマト説の補強である。魏王朝から倭女王卑弥呼に賜与された「銅鏡百枚」が三角縁神獣鏡であり、魏の年号（景初・正始）が銘記されているものもあって、それらが畿内ヤマトを中心に、全国の前期古墳から出土している点が、畿内ヤマトの「邪馬台国」の王が各地の首長らに分与したものであるということで邪馬台国ヤマト説の補強となった[21]。

考古学の成果によると、卑弥呼の邪馬台国時代は弥生時代の後期であり、前方後円墳の古墳時代の幕開きは、卑弥呼・壹与(いよ)後の三世紀末から四世紀初頭頃という見解であった。いわば、前方後円墳を体現するのはヤマト政権であり、邪馬台国時代はそれ以前の時代、弥生時代後期または末期という位置づけであった。もっともこうした認識は、記・紀と無関係に進行したというものでなく、『書紀』の修正紀年論とも結びついている。戦前、卑弥呼の時代は崇神天皇（皇統譜十代）の時代とするのが有力であったが、戦後卑弥呼は崇神天皇からも離れていった。明治の菅政友、那珂通世らに代表される修正紀年では、『古事記』の崩年干支から崇神天皇の崩年戊寅(ぼいん)を西暦二五八年とみていたが、戦後になって、水野祐(ゆう)などはその戊寅をもう一運（六十年）下げて三一八年として、その見解をとる者も多くなった。そして、この三一八年の年紀が古墳時代の幕開きである三世紀末〜四世紀初頭にうまく合致した。すなわち、「初国(はつくに)知らしし天皇(すめらみこと)」（日本建国の王）である崇神天皇（ミマキイリヒコ）が記・紀における実在性がはっきり確認できる最初の天皇であり、大和・柳本古墳群にみる行燈山古墳（伝崇神天皇陵、全長二百四十二メートル）の存在からも、ヤマト王権―初代天皇（実際は王）にふさわしいものとして暗黙のうちに認められていたのである。

こうした考古学の見解は、邪馬台国九州論者にとっても矛盾するものでなく、受け入れやすい見解であった。考古学的にみても、九州では弥生時代の有力な王墓クラスの甕棺墓（鏡・剣・玉の豊富な副葬）の存在があり、また畿内に対しても鉄器文化の優位性があったからである。

4 話題となった邪馬台国論

†榎一雄の放射線式読法

考古学のその後については後述するとして、ここでは邪馬台国問題で世間的にも注目された研究を振り返っておきたい。

一つは、榎一雄(22)の道程記事の放射線式読法である。これは、帯方郡から伊都国までは直線的（連続的）によむが、伊都国からは奴国・不弥国・投馬国・邪馬台国へは伊都国を起点としたそれぞれの里数・日数距離を放射線式に示したものとみる。その根拠は、郡から伊都国までは、「方位・距離・国名」の書き方であるのに対して、伊都国以降は「方位・国名・距離」となっているとするものであった。直線式読法が一般的であったなかで、これは距離が短縮されるため邪馬台国九州説の拠り所となった読み方であった。教科書でもこの放射線式読法が直線式読法と対比してかならず図示されている。

また榎は、伊都国から邪馬台国までの「水行十日陸行一月」を「水行すれば十日、陸行すれば一月」と解したから、さらに邪馬台国九州説の強力な補強となった。しかし、この点については、伊都国から南、水行二十日の投馬国の位置が問題となった。『倭人伝』には、「女王国より以北、其(そ)の戸数の道里、略載することを得(う)べきも、其の余の旁(ぼう)国は遠絶にして詳(つまび)らかにすることを得(う)べからず」とあって、投馬国は女王国以北の国であるべきにもかかわらず、邪馬台国より水行で二倍遠方の国であるということになってしまう。この点についての榎の弁明は苦しい(23)。榎は投馬国を日向国(ひむかのくに)の都万(つま)(宮崎県西都市妻)に比定している。

†古田武彦の「邪馬壹国」説

次に古田武彦の邪馬臺(台)国は誤りで、『魏志』の原本には邪馬壹(壱)国とあったとみなすべきだとする問題提起が大きな話題をよんだ。古田は、現存する最古の版本(刊本)、すなわち宋の紹興(しょうこう)本や紹熙(しょうき)本やそれ以降の倭人伝の諸本にもいずれも「邪馬壹国」とあって「邪馬臺国」とはなっていないこと、一方、『後漢書』倭伝以下の『梁書』、『北史』、『隋書』などの諸本には「邪馬臺(台)国」とあるのは、五世紀の南宋時代の范曄(はんよう)によって『魏志』の〝壹〟を〝臺〟に造作した結果であって、晋の陳寿の三世紀末頃の『魏志』倭人伝の「邪馬壹国」を誤りとするものでないという。(24)

しかし、今日では『魏志』の写本時代から十二世紀の宋の時代の版本に移行する際、〝臺〟を〝壹〟に誤刻したとするのが通説となっている。『魏志』だけには確かに「邪馬壹国」とあるが、一方、五世紀代の『後漢書』、六三六年成立の『梁書』、六五九年成立の『北史』、七世紀前半の『隋書』、さらに『通典』辺防門(へんぼうもん)(唐の杜佑(とゆう)撰、八〇一年成立)などすべてで「邪馬臺国」とあるのは、『魏志』の写本時代には明らかに「邪馬臺国」とあった写本がそのまま正確に「邪馬臺国」として筆写された結果であることを示している。

同じようなことは、『魏志』倭人伝に倭の女王（卑弥呼）の最初の朝献が「景行二年六月」となっているが、それは「景初三年六月」の誤りであることは定説である。このところは、『書紀』神功皇后摂政三十九年条に『魏志』を引用して、倭の女王が「景初三年六月」に朝献したことが記されているのも、おそらく『書紀』編者のみた『魏志』倭人伝の写本に「景初三年六月」とあったことは明らかであって、「邪馬臺国」の場合と事情は同じである。

古田はこの壹と臺の関係を写本段階での、あるいは写本から板版に移行する際での「魯魚の誤り」とみる通説を反駁するため、『三国志』全体にわたって壹と臺との間に「魯魚の誤り」はないことを証明しようとしたこともあって、『魏志』倭人伝のみならず、『三国志』全体にわたって目をむける必要性があることが認識された点は一つの成果であったと思われる。

†考古学の成果――纒向遺跡・箸墓古墳

さて、邪馬台国論争は、文献史学の方面からは、その文献史料は限定されており、『魏志』倭人伝からの議論も底をついた感があるのに対して、考古学の方面からのそれは、邪馬台国論争を独占する勢いを示している。

そのような考古学ブームの中で話題をよんだ遺跡に吉野ヶ里遺跡があった。北九州、佐賀県の東部、有明海に臨む微高地の遺跡は、一九八六年に発掘が始まったものであるが、弥生時代を通しての大規模な環濠集落として注目された。そして当初は、『魏志』倭人伝の記述の類似から卑弥呼の宮都にかかわる遺跡として話題をよんだ。

倭人伝には卑弥呼の居処に関して「宮室、楼観、城柵、厳かに設け、常に人有りて兵を持ちて守衛す」とあるが、〝宮室〟にあたる大型建物の高屋が内郭の特別区画内にあること、また〝楼観〟にあたる大型の掘立柱建物の物見櫓があったこと、さらに〝城柵〟にあたるV字型の深い外濠・土塁と内濠で厳重に囲まれていたこと、また倭人伝の「租賦を収めるに邸閣あり」とある〝邸閣〟にあたる高床式の倉庫群が多数あったこと。こうしたことから、吉野ヶ里遺跡は卑弥呼の宮都にふさわしいとして一時注目されたが、全容が明らかになるにつれて、この遺跡は弥生中期が全盛であって、後期末年にはこの環濠集落は消滅してしまったことがわかった。したがって、卑弥呼の時代より前に遡るものであって、こうした環濠集落は九州でも畿内でも大規模なものがあって一般性をもっている。

近年、考古学の成果のなかでも注目すべきは、古墳時代の幕開きが三世紀中葉に遡るとする見解が有力なものとなってきた。従来より五十年ほど遡ることになって、邪馬台国の時代に重なることになった。三輪山（桜井市）の麓の纒向遺跡のエリアにある初期前方後円墳の箸墓古墳を卑弥呼の墓とみる見解も大きくクローズアップされた。また箸墓古墳以前の纒向型墳墓（前方部の発達が未熟で後円部の半分ほどのもの、これを弥生墳丘墓とみる見解も強い）を前方後円墳とみなしてよいとする見解もあって、これを認めると古墳時代の幕開きは三世紀初め頃に遡ることになる。

纒向遺跡は、大溝（運河・用水路）、東西を軸にした大型建物群、全国（東海、山陰、山陽、四国など）の土器の搬入されている傾向からみても政治都市の様相を呈しており、それを邪馬台国の都とみて、邪馬台国論争は畿内ヤマト説で決着がついたとみる考古学者の意見も強い。

†残された問題

しかしながら、邪馬台国問題はそれでは終わらないのであって、邪馬台国が畿内ヤマトであったら、それは記・紀のヤマト政権（のちの朝廷）とどう関わるのか、または関わらないのかの問題を残している。例えば、箸墓を卑弥呼の墳墓とした場合、この墓のもっている伝承力、すなわちヤマトトトヒモモソ姫（孝霊天皇の皇女、大物主すなわち三輪山の神の巫女）を葬った大市墓とする点をどうみるか。また、崇神天皇の崩年干支戊寅を三一八年とみる説は従来の古墳の年代観に合致していたが、古墳開始が三世紀中頃に遡った現在、崇神天皇の崩年干支を二五八年に引きあげるべきかどうか。邪馬台国問題を我が国の古典である記・紀から全く切り離して、『魏志』倭人伝のみで考えることはできなくなってきている。邪馬台国問題は単なる所在地論争の決定のみでなく、その後のヤマト政権との関係をどう考えて国家形成史のなかに位置づけるのかという点を抜きにしては完結しない。その意味で、安易に考古学に頼るのでなく、文献史学の立場から『魏志』倭人伝のみならず、『古事記』『日本書紀』も批判的に考察していかなければならないだろう。

注

（1）佐伯有清『研究史　邪馬台国』一ページ、吉川弘文館、一九七一年。

（2）新井白石「古史通或問」（『新井白石全集巻三』明治三十九年、今泉定介編・校訂）。現代語訳で『日本の名著15　新井白石』中央公論社、一九六九年）があり、便利であるが省略されている所が多々あって注意されなくてはならない。

（3）佐伯有清『研究史　邪馬台国』一八ページ、前掲（1）。

（4）佐伯有清『研究史　邪馬台国』八ページ、前掲（1）。
（5）『本居宣長全集第8巻』所収、『馭戎概言上巻』三一ページ、筑摩書房、一九七二年。
（6）『本居宣長全集第8巻』所収、『馭戎概言上巻』三二〜三ページ、前掲（5）。
（7）『本居宣長全集第8巻』所収、『馭戎概言上巻』三五〜六ページ、前掲（5）。
（8）「襲国偽僭考」（『やまと叢書』第一、一八八九年）、のち三品彰英編『邪馬台国研究総覧』所収、創元社、一九七〇年。
（9）「漢籍倭人考」（『史学会雑誌』三の二七〜二九、三三・三四・三六）、明治二十五年。
（10）『日韓古史断』明治二十六年。
（11）『外交釈史』第28章「魏志倭人伝」、明治二十七〜三十年（『那珂通世遺書――外交釈史』一九五八年所収）。
（12）佐伯有清『邪馬台国論争』二八ページ〜、岩波新書、二〇〇六年。
（13）内藤湖南「卑弥呼考」（「藝文」一の二・三・四号、明治四十三年五月〜七月）、佐伯有清編『邪馬台国基本論文集1』所収、創元社、一九八一年。
（14）佐伯有清『研究史　邪馬台国』のなかの「白鳥・内藤両説の展開」（前掲（1））。同『邪馬台国論争』（前掲（12））。
（15）白鳥庫吉「倭女王卑弥呼考」（「東亜之光」一九一〇年五・六・八月）。
（16）喜田貞吉「漢籍に見えたる倭人記事の解釈」（「歴史地理」三十の三〜六号、大正六年九月〜十二月）。
（17）現在、手軽にみることのできるのは、橋本増吉著・佐伯有清解説『邪馬台国論考1〜3』東洋文庫、平凡社、一九九七年である。

(18) 中央公論社、一九六八年。
(19) 光文社、一九七三年。
(20) 講談社、一九六七年。
(21) 小林行雄『古墳時代の研究』青木書店、一九五五年。
(22) 榎一雄『邪馬台国』改訂・増補版、至文堂、一九七八年（旧版は一九六〇年）。
(23) 榎一雄、前掲書（22）の九〇〜九一ページ。
(24) 古田武彦「邪馬台国」（「史学雑誌」七八の九、一九六九年九月、のち『邪馬台国はなかった』朝日新聞社、一九七一年）。

第二章 魏志倭人伝の史料論

1　魏志倭人伝の構成区分と成立事情

†魏志倭人伝記事の構成区分

通称『魏志』倭人伝は、正式には『三国志』魏書巻三十、烏丸・鮮卑・東夷伝倭人という。三国志の三国とは三世紀代の中国で併立していた魏、呉、蜀の三国で、それぞれ魏書三十巻、呉書二十巻、蜀書十五巻の三書をいう。また東夷伝の東夷とは文明国中国（中華）からみて、東方に住む異民族に対する蔑称である。烏丸・鮮卑は北狄であるが、東夷として倭人、韓、高句麗、夫余、東沃沮、挹婁、濊などが取りあげられている。〝伝〟とは、中国の史書の形式（型）である紀伝体の伝（列伝）で士大夫（臣下）の伝記や異民族の事柄を記したものである。著者の陳寿（二三三～二九七年）は、西晋の人、著作郎（歴史編纂官）として執筆にあたり、太康五（二八四）年～太康十（二八九）年頃の成立とされている（これを太康年間とするものも多い）。

倭人伝は、東夷伝の中ではその比重は一番大きく、二千八百字を数える。それは、三つの部分（A～C）によって構成されている。

A　道程記事。この部分は、魏の出先機関である朝鮮半島の帯方郡（郡治は帯方県で、今のソウル附近）を起点として、邪馬台国（女王国）に至るまでの行程が通過する国々もふくめて方位・里数（または日数）・戸数によって示され、また官名・国の様子なども全部ではないが記され、女王国に統属する国名も列挙されている。邪馬台国（女王国）はどこにあったのかの所在地論争は、主にこの方位・里数・日数を論拠にして様々な解釈が示されているが、なかなか現在の日本列島の地図上にはおちつかないのである。

B　風俗関係を中心に政治・社会事情も含む部分。この部分は、文章上も内容上も取り上げ方に統一性がなく、伝聞的であり、文章上も主格が不明な点も多い。風俗では倭人が温暖な南方的な風俗を示している点に特徴がある。社会制度では、王―大人―下戸―生口といった身分的な階層差が具体的に示されている。また政治制度として、大倭、一大率（いちだいそつ）、刺史（しし）などが示されるが、分散的であって、このあたりの解釈は後述するように大変難解である。最後の所では卑弥呼の女王としての登場事情とその王権の特徴など重要な事柄がのべられている。

C　外交関係記事。この部分はもっとも信憑性の高い記事である。その内容は、倭の女王卑弥呼の魏への遣使記事、魏―郡からの使者の倭国への派遣、さらに女王国と南の狗奴国との戦闘に関わる記事、卑弥呼の死と壹与の女王としての登場、そして魏への遣使がのべられている。その信憑性を高めるのは、景初三年の卑弥呼の最初の遣使に対して、卑弥呼を「親魏倭王」として、「金印紫綬」を仮したとする制詔の全文（原文）が引用されている点である。

こうして倭人伝の最後には、狗奴国と女王国との戦闘に際して帯方郡から女王国に派遣されてきた張政が帰還するときに、壹与が魏に遣使したことを記して結びとなっている。

†魏志倭人伝の成立事情

陳寿が『魏志』倭人伝を撰述する際、素材となった史料について吉田晶の指摘がある。[2] 氏の指摘を参考としてまとめてみよう。

第一には、魏王朝の残した倭国との公的な外交に関する記録がある。魏の皇帝の詔書はその代表的なもの。また倭国から魏王朝に派遣された使者が魏王朝からの質問に答えた応答の記録。第二には魏から帯方郡を通じて倭国に派遣された使者の復命書がある。正始元（二四〇）年の梯儁ら、正始八（二四七）年の張政らが訪れている。第三に倭に関する中国での先行の史書である。それは、魚豢（ぎょけん〔かん〕）の『魏略』と王沈（おうしん）の『魏書』との関係が重視された。右の『魏略』『魏書』と『魏志』との関係については、その前後関係をふくめて、かなり専門的な議論が必要となるので後述する。

また第二に関係することであるが、魏から帯方郡の大守の命で郡使が派遣されてきたものであるから、魏・晋の官府のみならず、出先帯方郡の官府にも倭人・倭国関係の史料があったと思われる。ただ、朝鮮半島では、正始六（二四五）年にかけて、韓人らが帯方郡の崎離営（きりえい）を攻めて大守の弓遵（きゅうじゅん）を戦死させるという事件が起こっている。結局、西晋の建興元（三一三）年には楽浪郡（らくろうぐん）は高句麗によって滅ぼされ、翌年帯方郡も滅ぼされるのであるから、安定した史料の確保ができたかどうか疑問である。

2　魏志と魏略・魏書との関係性

†『魏略』と『魏書』

そこで、『魏志』と先行史書の『魏略』『魏書』との関係性についてみておきたい。

『魏略』にもとづいて撰述されていることは通説となっている。『魏略』の成立は、晋王朝になってからの咸熙二（二六五）年、もしくは晋の泰始六（二七〇）年以降の二七〇年代とみる見解がある。

若干、諸説に差があるが、陳寿の『魏志』は晋の武帝の太康年間（二八〇〜二八九年）であるからほぼ時代は近い。

この『魏略』について、五世紀宋の裴松之（三七二〜四五一年）によって、『三国志』の東夷伝に『魏略』が注として多数引用されている。また清代になってから張鵬一が諸書の逸文を集めた『魏略揖本』があり、唐の張楚金『翰苑』[3]巻三十には、とくに倭人伝に関して比較的長い記述がみられることもあって、『魏志』は『魏略』によって撰述されているというのが通説となっている。

こうした『魏略』―『魏志』を親子関係とみなす通説に対して、両書は同時代的関係にあるとみて、これを兄弟関係として、両書の親として王沈の『魏書』四十八巻を考える山尾幸久[4]の説がある。

『魏書』の成立については、佐伯有清[5]は、王沈（?〜二六六）は晋の泰始二（二六六）年には死去しているから、それ以前の著作となり、魏の正元年中（二五四〜二五五）に典著作の役職についており、魏の滅亡する咸熙二年（二六五年、西晋の泰始元年）までに魏書を完成させたとされている。

また、山尾幸久(6)は、『魏略』の著者魚豢は洛陽の市井の人、今日でいう私人であり、その『魏略』は一家の私記としてつくった史料集成ともいうべきもので、二七〇年代（泰始六年〜）頃に成立していたとされた。そして、王沈の『魏書』こそが魏王朝の記録類を最初に扱った史書であり、二六〇年代前半にはほぼ完成しており、『魏書』の東夷伝も手がけていたとされる。

†『魏書』に東夷伝はあったか?

一般的に王沈『魏書』の問題点として指摘されているのは、『魏書』には東夷伝がなかったのではないかという点である。

これは、『三国志』魏書巻三十の「烏丸・鮮卑・東夷伝」において、裴松之の注が引用されているが、東夷伝（夫余以下倭人条）には「魏略云」ということで魚豢『魏略』がよく引用されているが、王沈『魏書』の引用は一切みえない。『魏書』は北狄の烏丸伝・鮮卑伝にみえるのみである（烏丸伝には『魏略』も引用されている）。このことから、王沈の『魏書』には東夷伝がなかったことを物語っているという見解も強い。

このことに関して、佐伯有清は、『魏書』にも東夷伝はあったことを以下のように指摘している。[7]

『魏志』北狄の烏丸伝と鮮卑伝の書き出しが、東夷伝の夫余以下の書き出し部分と違いがあること、すなわち夫余以下の東夷伝の各民族の歴史を叙述するのに、まず地理的環境から説き起しているのに対して、烏丸・鮮卑伝の書き出しは、いきなり国の大人の部落支配の状況から説きはじめていて、その違いは明白である。それゆえ裴松之は、烏丸伝・鮮卑伝に王沈の『魏書』を引用して両伝で陳寿が省いたものを補った。

『魏志』東夷伝に王沈の『魏書』が全く引用されていないわけについては、陳寿の『魏志』東夷伝の夫余以下倭人条の冒頭の記事(書き出し)と同様のことがいずれも王沈の『魏書』にも記述されていたことは確実である。だからこそ、裴松之は『魏志』東夷伝だけ『魏書』の記事を引用しなかったわけである。王沈の『魏書』にも東夷伝はあったとみなすべきであろう。すなわち、陳寿の『魏志』東夷伝に裴松之が王沈の『魏書』を引用注記しなかったのは、すでに陳寿の『魏志』東夷伝に王沈の『魏書』のそれと同様の記事があったからであるという。

なお、煩雑になるので詳細は省くが、『魏略』烏丸伝の逸文と裴松之が陳寿の『魏志』烏丸伝に引用した王沈の『魏書』烏丸伝の記事を比べてみると、同一の文章をそれらに見い出すことができる。したがって、『魏略』は明らかに先行する王沈の『魏書』の記事に依っているという。(8)

以上みてきた『魏志』と『魏略』と『魏書』の関係性を図示すると以下のような諸説が示される。

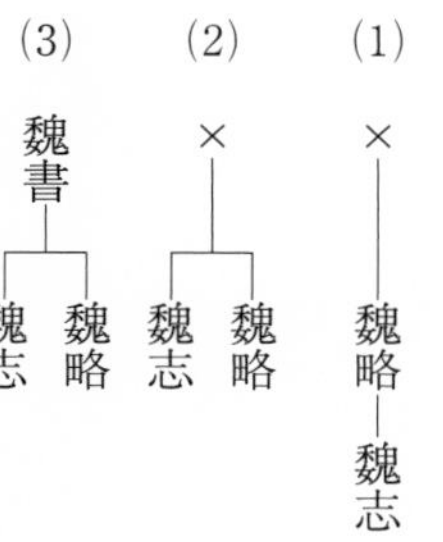

3　『広志』と『太平御覧』所引の「魏志」について

†榎一雄の『広志』引用説

右にみた先行の史書に、さらに『広志』を加える榎一雄の説がある。以下それをみておきたい。[9]

『広志』は逸書であるが、晋の郭義恭の著書で、その成立については、晋の泰始二（二六六）年以後太康元（二八〇）年三月以前に作られたもので、いずれにしろ『広志』の成立は晋初にあたるもので、『魏略』『魏志』とほぼ同じ時期の編述であるとされる。

この『広志』の原文については、『翰苑』残巻の注に『広志』[10]が引用されているが、そこには『魏略』にも『魏志』にもみえない「伊邪分国」に関する記事がみえる。さらに『芸文類聚』[11]巻八十三（宝玉部上玉の条）にも「広志に曰く……青玉は倭国に出づ……」として、『魏志』倭人伝にも『魏略』の逸文にもみえない記事が引用されているという。そして、これらは『広志』の編者が倭人関係の記録から抽いたもので、その記録は『魏略』

や『魏志』が倭人の記事を作るときに主たるよりどころとしたものと同一のものであって、『魏志』が略して引用しなかった部分をも『広志』が引用していると考えられるとのべている。[12]

榎はその結論で、同一の共通の記録(原史料)を×として、×から『広志』『魏略』『魏志』のそれぞれがでたとする。そしてその組み合わせは『魏略』から『魏志』が出たとするのが妥当なので、考えられる組み合わせとしては以下の二つになるとされる。

(1) ×―広志―魏略―魏志

(2) ×┬広志
　　└魏略―魏志

『広志』については、池田温(おん)[13]が『広志』は『魏略』を参照しており、史書というより類書の性格をもつとされている。類書とは、『芸文類聚』や『太平御覧(たいへいぎょらん)』などのような百科辞書的な性格をもつ書物である。

†『御覧』魏志と版本『魏志』の相違

ところで、この史料論に関してもう一つのべておきたいのは、類書『太平御覧』の中に引用されている『魏志』[14]の文である。末松保和[15]は、これを版本（定本）の『魏志』と詳細に比較して、『太平御覧』所引の「魏志」は定本（版本）『魏志』と異なっていて、それは『魏略』の逸文と同じか、または近似していることを論じた。

『御覧』所引の「魏志」が版本『魏志』と比較して興味深い点は、第一に行程記事が「又……又……」という連続的読み方の句になっている。具体的にみると、伊都国から「又南水行二十日至於投馬国……又南水行十日陸行一月至耶(邪)馬臺国……」というようにあって、これは放射線式読み方を不可能にしている。

第二に耶馬臺国は、臺すなわち台となっていて、版本『魏志』の邪馬壹国の壹=壱とは違っている。第三に投馬国に関して、『御覧』所引の「魏志」では「至於投馬国」とあって、投馬国の国名にのみ〝於〟がついている点である。これは末松によれば、〝於〟は助字「に」ではなく、国名の一部で〝於〟は「ウ」「イオ」「エ」の古音が考えられることから「於投馬国」で「イツマ国」=出雲国に相当するとのべており、興味がひかれる。

第四に、『御覧』魏志に「聞其旧語、自謂太伯之後」とあって、これは版本『魏志』にはみえないが、『魏略』(『翰苑』所引)にも同一の文がみえる。「太伯」とは、周の太王(古公亶父)の長子であった太伯が末弟であった李歴との王位継承の争いに敗れ荆蛮の地である呉越の地へのがれ、そこで呉国(春秋時代)を建国し呉王となったとするもので、倭人の旧語(ふるい伝説)では、自分たちは太伯の後裔者として日本列島に渡ってきたということである。

第五に、倭国の乱について、版本『魏志』では、「其国本亦以男子為王、住七八十年、倭国乱」とあるが、『御覧』所引「魏志」では、「漢霊帝光和中(一七八〜一八三年——小林)、倭国乱」とあって、限定的な時代認識となっている。

以上みたような相違について『御覧』魏志の記述にオリジナル性があるとすれば、現行の版本『魏志』の本文批判につながっていくことになるのだが、どうであろうか。

この『御覧』所引「魏志」については、末松は『魏略』の逸文か、それに近似したものであることを指摘したが、すでにみたように『魏略』と『魏志』の関係性を親子関係とみる説(×—魏略—魏志)においては考察に値する文章となる。この点について山尾幸久[16]は、『御覧』所引「魏志」とは実は『魏略』のことではないか、『御覧』が引用する『魏志』倭人伝はもしかしたら古い時代の類書では「『魏略』に曰わく」として引用されていたかもしれない。しかし、ある時期の類書からは何回も『魏志』の文章で改作されたり補塡されたりして、今や〝類書魏志〟の文、版本『魏志』に対する「一異伝という以上のことはわからなくなってしまっている」として、「類書が原典の文章を忠実に伝えていくことなどありえない」と断言している（なお、山尾は魏書┬魏略 └魏志の説である）。確かに『御覧』魏志が『御覧』という類書の中にみえることは考えておくべき重要な視点であろう。

†『御覧』魏志の後代性

『御覧』魏志の直線式行程記述（「又……又……」）について、放射線式読法の主張者である榎一雄(17)はその後代性を指摘している。

榎の主張は、『太平御覧』が『華林遍略』あるいは『修文殿御覧』を底本として編集されたものであること、さらに類書『華林遍略』や『修文殿御覧』はその編集に際して少なくとも『三国志』については裴松之注本にもとづき、それから取材するに当たってその本文に変改・省略・増補を加えている場合が少なからずあるといわれている。類書『華林遍略』七百巻は、梁の武帝の時代、普通四（五二三）年の成立、類書『修文殿御覧』三百六十巻は北斉の後主の武平三（五七二）年である。そして、『魏志』倭人伝の行程記事を明確に直線式行程に変更したのも、これらの先行類書が行ったところで、それは梁の初め、『華林遍略』が編纂された頃（天監十五〔五一六〕年～普通四〔五二三〕年）、あるいはそのやや後、北斉の初め『修文殿御覧』が上進せられたころ、日本の国都は大和にさだめられていた、梁にはすでにそれが知られていたはずである。倭の都邪馬台は大和である。その現実の地理に合致せしめるためには、邪馬台までの行程を直線コースにしなければ大和にまで行けないと考えたのである。[18] そして、『梁書』巻五四、諸夷伝倭条も「又南水行二十日至投馬国、又南水行十日陸行一月至耶馬臺国」と「又……又……」で連続的につなげているとされている。[19]

要するに榎の結論は以下のようになる。

太平御覧に引く魏志倭人伝は梁の武帝の時、「華林遍略」が編纂された際、梁代の知識によって通行本の魏志倭人伝に改訂を施し、それが「華林遍略」に入れられ、それが北斉に編せられた「修文殿御覧」を通じて「太平御覧」に引き継がれたものであろう。[20]

こうした結論は、すでにのべた「太伯の後」や倭国の乱の「後漢の霊帝の光和中」の記述にもあてはまるものであって、それは梁の時代に至って、その時代の知識にもとづいて、『華林遍略』そして『修文殿御覧』に『魏志』倭人伝を抄出する際に取り上げられ、それが『太平御覧』にも引き継がれたものであろうとされている[21]。

再度、強調することになるが、榎は、『太平御覧』の三国志は本文や裴松之注の「多くの部分に改変造作を加えた三国志であって、そこに引かれた三国志から三国志の原姿を復原しようとする場合には慎重な注意を必要とするだろう[22]」と指摘している。

山尾や榎の指摘した『太平御覧』の類書にみられる特徴については、すでに早く末松保和[23]も『太平御覧』の記事の本文（魏志の）には類書に共通してみられる「要約」や「節略」のあることを指摘していた。

以上みてきたように定本・通行本『魏志』倭人伝の本文批判は、漢籍の世界の中でたいへんな労力を必要とする難解な考証・実証の仕事である。この面での史料論は今後とも地道な研究が追求されていくべきであろう。

4　通行本『魏志』倭人伝の成立

陳寿の三国志、『魏志』倭人伝はどのようにして今日に伝えられたのか。一般的にそれは、原文→写本→版本の段階を経ている。陳寿の三国志は原文も写本も現在残っていない。すでにみたように陳寿が三国志を撰述したのは、晋の太康年間（二八〇～八九）のことだとみられている。その後、それは正史としての扱いをうけ、裴松之（三七二～四五一年）が宋の文帝の命をうけて同書に注をつけて名著として知られたものになっている。それは元嘉六（四二九）年の五世紀に入ってのことである。

三国志はその後、筆写され伝えられてきたが、十一世紀宋の時代となって木版本が刊行されるようになった。

その版本の経緯についてみておきたい。(24)

(1)　咸平本　北京の咸平五、六（一〇〇二、〇三）年。伝存しない。国子監（大学教育の官庁）が校定した刻本。

(2)　紹興本　南宋の紹興年間（一一三一～六二年）、これは橋本増吉『改訂増補　東洋史上より見たる日本上古史研究』に写真版[25]が掲載されている。中国に『魏志』三〇巻が現存。

(3) 紹熙本　南宋の紹熙年間（一一九〇～九四年）、『魏志』の巻一～三は消失、宮内省に四巻以下現存。

(4) 明南監本（明朝の南京国子監の校刻本）　明の嘉靖年間（一五二二～六六年）と万暦年間（一五七三～一六二〇年）の二種類。

(5) 毛氏汲古閣文　毛晋の所蔵する善本を翻刻したもの。明末の十七世紀中頃。

(6) 武英殿本　清代・乾隆四（一七三九）年、木の活字本。明の北京国子監本によって刊行したもの。

通行本（流布本）として注目されていたのが『百衲本』である。『百衲本』とは、ばらばらの各種の版本を集めて綴り合わせて完全な本にしたもの。

ⓐ「百衲本二十四史」（そのなかの一つに『三国志』がある）は二十世紀になって南宋の紹興本と紹熙本とを組み合わせて影印（写真版）したもので、上海商務印書館が校訂刊行したもの。

ⓑ「標点本」（読みやすいように目印として圏点〈。字〉が打ってある本）は「百衲本」に前掲

の(4)(5)(6)の校刻本をあわせて底本として校勘したもの。一九五九年に中華書院より活字本として出された。[26]

以上みてきたように写本時代はまことに長く六百年以上続き、版本の時代(十一世紀初め)に入るのである。したがって、すでにみた古田武彦の「邪馬壹国」論は、この写本時代、あるいは写本から版本への移行に際しての「魯魚の誤り」の問題となるのである。

注

(1) 風俗記事を考古学の視点から解釈したものに佐原真『魏志倭人伝の考古学』岩波現代文庫、二〇〇三年がある。
(2) 吉田晶『卑弥呼の時代』二二ページ、新日本新書、一九九五年。
(3) 湯浅幸孫(ゆきひこ)校釈『翰苑(かんえん)校釈』国書刊行会、一九七八年。佐伯有清『魏志倭人伝を読む 下』の付録に『魏略』逸文の原文と訓み下し文が掲載されている。また、石原道博編訳『新訂 魏志倭人伝他三篇』の参考文献に『魏略』逸文が掲載、岩波文庫、一九八五年。
(4) 山尾幸久『新版 魏志倭人伝』講談社現代新書、一九八六年。この山尾説に対する反論として、榎一雄「魏志倭人伝とその周辺――テキストを検討する――第3回」(『榎一雄著作集第8巻 邪馬台国』汲古書院、一九九二年)がある。
(5) 佐伯有清『魏志倭人伝を読む 上』二〇ページ、吉川弘文館、二〇〇〇年。
(6) 山尾幸久、前掲(4)。

(7) 佐伯有清『魏志倭人伝を読む　上』一四、一五ページ。
(8) 佐伯有清『魏志倭人伝を読む　上』一五〜一七ページ。
(9) 榎一雄「魏志倭人伝とその周辺（2）」（『榎一雄著作集第8巻　邪馬台国』二五四ページ以下。
(10) 石原道博編訳『新訂　魏志倭人伝他三篇』に参考原文として「広志」逸文が収められている。また、湯浅幸孫校釈『翰苑校釈』第百二十五条、一一八ページを参照。
(11) 『芸文類聚』は類書で百巻、唐の欧陽詢他撰、六二四年成立。
(12) 榎一雄、前掲書（4）の二五七、二七八ページ。
(13) 池田温「東洋学からみた『魏志』倭人伝」（平野邦雄編『古代を考える　邪馬台国』所収、吉川弘文館、一九九八年）。
(14) 『太平御覧』巻第七八二の東夷三の『魏志』。『太平御覧』は、類書で一千巻、李昉らの撰、北宋の太平興国八年（九八三）の成立。
(15) 末松保和『日本上代史管見』一九六三年、私家版。佐伯有清氏によると、戦前末松氏は「太平御覧に引かれた倭国に関する魏志の文に就て」（『青丘学叢』一、昭和五年八月）を発表して、そこでは『御覧』の「魏志」は「魏志」の原文により近い異本であるとしているという（佐伯有清『研究史　邪馬台国』の第四、吉川弘文館、一九七一年）。
(16) 山尾幸久『新版　魏志倭人伝』七六、七八ページ。
(17) 榎一雄『榎一雄著作集第8巻　邪馬台国』六一八ページ。
(18) 榎の理由づけは氏が九州論者で「魏志」倭人伝を放射線式読法であると考えていたためであるが、「又〜又〜」と直線式になっているのは、『御覧』魏志あるいは先行する類書が、そのように直線式に読むことを妥当と考えていたからである。

(19) 榎一雄『榎一雄著作集第8巻　邪馬台国』六二七〜八ページ。
(20) 榎一雄『榎一雄著作集第8巻　邪馬台国』六八九ページ。
(21) 榎一雄『榎一雄著作集第8巻　邪馬台国』六二一ページ。
(22) 榎一雄『榎一雄著作集第8巻　邪馬台国』六八六ページ。
(23) 末松保和『日本上代史管見』私家版、一九六〇年。
(24) 榎一雄『邪馬台国』第2章、至文堂、一九七八年。山尾幸久『新版　魏志倭人伝』七〇〜七一ページ。
(25) 吉田晶『卑弥呼の時代』一五〜一六ページも参照。
(25) 橋本増吉著、佐伯有清解説『邪馬台国論考1』に写真版が掲載されている。
(26) 石原道博編訳『魏志倭人伝他三篇』の凡例には、原文は百衲本を影印したとする。

第三章　卑弥呼像の点検と論点

1 卑弥呼とは——その概要

†『魏志』倭人伝の記述

卑弥呼(ひみこ)は女性の王(女王)である。倭国の乱の攻防の期間を経て王として共立された。鬼道に一心に仕えて大衆を魅惑する能力をもっていた。年齢が長じても、すなわち成人となっても夫はいない。男弟がいて卑弥呼の統治を補佐している。そして王となって以来、見る者は少ない。婢千人を侍らせている。男子一人が卑弥呼に飲食を給して、言辞(コトバ)を伝えるためにその居室に出入している。宮室、楼観(ろうかん)(物見櫓(ものみやぐら))、城柵(濠・土塁)を厳重に設けて、兵士が守衛している。

卑弥呼が初めて魏に朝貢したのは、景初三(二三九)年六月であり、そのとき魏の皇帝から制詔があり、「親魏倭王」の称号をうけ、「金印紫綬」を下賜されている。また正始四(二四三)年にも魏に朝貢している(正始元年の遣使については議論がある)。そして、正始八(二四七)年になって、卑弥呼は男王の国狗奴(くな)国との間の不和・戦闘を伝えるために帯方郡に遣使し、帯方郡からは張政らが派遣されてきた。この戦争のさなかに卑弥呼はなくなった。そこで大きな墓を作った。墓（冢）は直径百余歩、殉葬者は奴婢百余人であった。卑弥呼のあと男王を立てたが、国中はその男王に服従せず、ときに千余人が殺された。そこで、また卑弥呼の宗女壹与（年十三歳）を立てて女王としてようやくおさまった。

以上が卑弥呼に関係する『魏志』倭人伝の記述である。そこで卑弥呼の共立はいつか（「共立」については本章3節参照）。

†卑弥呼の共立と倭国の乱

卑弥呼の共立の時期は倭国の乱の頃ということになる。『魏志』倭人伝に「其の国、本亦、男子を以て王と為す。住まること、七、八十年、倭国乱れ、相攻伐すること歴年、乃ち一女子を共立して王と為す」とある。すなわち、倭国ではもともと男王が支配していたが、その時代が七、八十年続いたあと、乱が起こったという。それは後漢王朝のときで、建武中元二年（後漢の光武帝の五七年）に倭の奴国の朝貢があり、安帝の永初元（一〇七）年には倭国王帥升等の朝貢があった。こうした男王の時代が続いていたあと七、八十年ということで、一〇七年の男王を起点として七、八十年と考えるべきであろう。そうすると西暦ではおよそ、一七七〜一八七年ということになる。

一方、『後漢書』倭伝では「桓・霊の間、倭国大いに乱れ……」とあって、後漢王朝の桓帝（在位一四七〜一六七年）、霊帝（在位一六八〜一八八年）ということで幅は大きくなるが『魏志』に重なることになる。『後漢書』は『魏志』より後の史書であるが、後漢時代の状況認識をもとに独自の記述が示されたものであろう。『三国志』韓伝には、「桓・霊の末、韓・濊（わい）、彊盛（きょう）にして、郡（楽浪郡のこと——小林）県制する能（あた）わず、民多く韓国に流入す……」とあるのも参考となろう。

さらに絞りこみをすれば、『梁書』（六三六年成立）倭伝には倭国の乱を「漢の霊帝の光和中（一七八〜一八四年）」とあり、『太平御覧』所引「魏志」（九八二年成立）にも「漢の霊帝の光和中」とある。しかし、これらはオリジナル性を認めるというより、一つの説を提示したものとみておきたい。史書の後代性もあるが、『魏志』や『後漢書』などの史書を参照して按配した一案とみておきたい。

こうしてみると、倭国の乱は、『魏志』倭人伝にしたがって、一七〇〜一八〇年頃とみておきたい。卑弥呼が亡くなるのは正始八（二四七）年頃とみると、その統治期間は六十七〜七十七年間、七十年間前後ぐらいの長いものとなる。卑弥呼の女王就任が二十歳とするとその年齢は九十歳をこえてしまう。壹与が十三歳の即位であるから卑弥呼を十五歳の即位としても八十五歳の長寿となる。魏使が女王国に来たのは卑弥呼の晩年であるから「王と為りて自り以来、見ること有る者少なし」というのも老齢からきているという側面もあろう。

右の年齢の問題で注意しておきたいのは、公孫氏と帯方郡のことである。遼東半島をおさえて遼東大守として地方政権を確立していた公孫氏は、一八九年公孫度のときに後漢から独立して、その子の公孫康のとき、二〇四年に楽浪郡の南の屯有県（ソウル近郊）以南を分離して帯方郡を設置した。この後、倭や韓はこの帯方郡に附属したという（『三国志』韓伝）。また朝鮮半島の辰韓の地は鉄を出し、韓・濊・倭はみなこれを目当てにして売買の商取引きが展開していた（『三国志』韓伝）。

卑弥呼の「共立」はちょうど公孫度が独立した頃であるから、卑弥呼の外交は若い頃からの経験が積み重ねられているとみてよいだろう。公孫氏下の帯方郡への遣使も行われたであろうし、朝鮮半島での活発な交易も展開したであろう。景初三年六月の卑弥呼の魏への朝献もその延長線上にあるとみるべきであろう。

2 神功皇后と卑弥呼の関係

†「倭女王」は神功皇后

『魏志』倭人伝は、倭人・倭国のことについてのべているものの、『古事記』や『書紀』との接点をもたない孤立した史料になっている。ただ、『書紀』には神功皇后紀に「魏志ニ云ク(いわく)」という形で、倭人伝の一部分が引用されていて、「倭女王」が神功皇后に相当するようにみえているものの、『書紀』編者が神功皇后を卑弥呼であると考えていたわけではない。

仲哀天皇は『書紀』によると九年二月の崩御(ほうぎょ)まで続き、そのあと神功皇后の摂政の時代となる。

『書紀』巻九、気長帯姫尊(おきながたらしひめのみこと)(神功皇后)

(1) 三十九年。是年、太歳己未。魏志に云はく、明帝の景初の三年の六月、倭の女王、大夫難斗米等を遣して、郡に詣りて、天子に詣らむことを求めて朝献す。太守鄧夏、吏を遣して将て送りて、京都に詣らしむ。

(2) 四十年。魏志に云はく、正始の元年に、建忠校尉梯携等を遣して、詔書印綬を奉りて、倭国に詣らしむ。

(3) 四十三年。魏志に云はく、正始の四年、倭王、復使大夫伊声者掖耶約等八人を遣して上献す。

(4) 六十六年。是年、晋の武帝の泰初の二年なり。晋の起居の注に云はく、武帝の泰初の二年の十月に、倭の女王、訳を重ねて貢献せしむといふ。

右の神功皇后紀をみると、『魏志』の引用の他に、(4)の六十六年条では「晋の起居注」(起居注は、皇帝の起居、言行を記録した文書)が引用されて、そこにみえる「倭の女王」は壹与(イヨ)の泰始二(二六六)年の遣使のことだとされており、卑弥呼のことではない。『晋書』武帝紀には「泰始二年十一月、倭人来りて方物を献ず」とある。したがって、神功皇后紀(摂政時代)は卑弥呼から壹与の時代までふくんでいる。すでに関和彦[1]が注意されたように『魏志』の引用記事には卑弥呼や壹与の名は一切みえず、倭女王(または倭王)

で一貫している。これは、『書紀』の編者が倭女王を卑弥呼や壹与とはみなしていなかった証拠となる。すなわち『書紀』編者にとって重要であったのは、中国文献に現れる倭女王であり、それは神功皇后であって（この時代はすでに新羅・百済を服属させていたという認識が背後にあろう）、卑弥呼・壹与ではないということであろう。

　このことの意図を推測すると、『書紀』編者は、卑弥呼・壹与は「倭女王」と偽って魏王朝に朝貢した人物とみていたということになる。本居宣長や鶴峯戊申のいう熊襲の女酋（女首長）などの類の「偽僭説」（熊襲の女酋が神功皇后の名を偽って魏に朝貢したとする説）の立場と同じである。倭人・倭国を統括しているのは、「倭女王」である神功皇后であったとするのが中国文献の引用の真意であろう。『書紀』編者は『魏志』をみているはずであるから、卑弥呼が魏の斉王の正始八年頃（西暦では二四八年頃）には亡くなっていたことは知っていたはずである。そして神功皇后紀六十六年条の「倭女王」が卑弥呼でないことも知っていたはずである。したがって、卑弥呼でも壹与でもない「倭女王」が神功皇后であれば、それなりに筋は通る。

　このようにみてくると神功皇后は卑弥呼ではないから、そこに両者の共通性として、例えばシャーマン（巫女）などを引っ張りだしてくることはできない。確かに神功皇后（オキナガタラシ姫）には、天照大神や住吉大神が憑依しているので、シャーマンとしての性格をもっている。しかし、他方では、神功皇后は朝鮮半島での三韓の征討譚のなかで活躍する女王でもある。

†なぜ長寿の天皇が多かったか

実は、『書紀』の編者にとって重要であったのは、神功皇后を「倭女王」とみなすことによって、『書紀』の編年上の定点（中国との関係性を示す客観的な定点）を定めようとする意図があった。それは『書紀』の紀年論の問題である。(2)

『古事記』は、王代記として、天皇の宮名、年齢（宝算）を中心として年代的経過が示されているが、それは客観的な時間をもたず、倭人社会だけに通用する時間で、中国・朝鮮史との接点をもたない。一方、『書紀』は、歴史書として、編年体史として成立した。その場合、天皇の年齢だけでなく、治世（在位）年数が確定されて王代記の歴史が客観性をもち、中国・朝鮮史との接点がみえてくる。

表1をみるとわかるように『古事記』も『書紀』も皇統譜十五代応神天皇もふくめて、それ以前の天皇の年齢は百歳をこえる長寿の天皇が多い。

従来の見方では、初期の歴代天皇の在位（治世）年数の延長がはかられ、その結果、長寿の天皇が現れたと考えられていた。とくに初期の天皇群の長寿が問題とされて、我が国の歴史を古くみせようとして、中国の思想の讖緯説（辛酉革命説）にもとづいて、初代神武天皇の即位を辛酉年におく説が採用されて紀年の始めがずいぶん遠い昔に繰りあげられた。具体的には、『易緯』の鄭玄の注釈にもとづき、六甲、六十年で一元、その二十一元倍、すなわち一二六〇年、これを一蔀として、推古天皇の九年の辛酉年（六〇一年）を基点として一二六〇年（一蔀の二十一元）遡らせたものが神武天皇即位年（辛酉）と定めたということである。

しかし、これは俄に信じられない。三品彰英[3]によると、長寿の問題は『書紀』だけの問題でなく、編年体史の体裁をとらない『古事記』も同じであり、いわば古伝としての天皇の年齢が古を尚ぶ心持ちや天皇という偉大な人格を表現しようとする気持から、あるいは神仙思想の影響もあって、伝承の過程で長大化したものとされた。『古事記』も『書紀』の編者も、あるいはさかのぼって帝紀・旧辞の編者もその長寿の伝承を古伝として尊重し訂正しなかったのである。

三品がいうように、こうして天皇の年齢が時間の観念として先行し、そのあと在位（統

（　）内は立太子または生誕よりの計算

		日本紀崩年		古事記崩年		住吉大社 神代記崩年		在位年数		宝算	
		干支	西暦	干支	西暦	干支	西暦	紀	記	紀	記
1	神武天皇	丙子	-585					76		127	137
2	綏靖天皇	壬子	-549					33		84	45
3	安寧天皇	庚寅	-511					38		57 (67)	49
4	懿徳天皇	甲子	-477					34		(77)	45
5	孝昭天皇	戊子	-393					83		(114)	93
6	孝安天皇	庚午	-291					102		(137)	123
7	孝霊天皇	丙戌	-215					76		(128)	106
8	孝元天皇	癸未	-158					57		(116)	57
9	開化天皇	癸未	-98					60		115 (111)	63
10	崇神天皇	辛卯	-30	戊寅	258 318	戊寅	258	68		120 (119)	168
11	垂仁天皇	庚午	70			辛未	311	99		140	153
12	景行天皇	庚午	130					60		106 (143)	137
13	成務天皇	庚午	190	乙卯	355			60		107 (98)	95
14	仲哀天皇	庚辰	200	壬戌	362			9		52 (53)	52
	神功皇后	己丑	269					摂政 69		100	100
15	応神天皇	庚午	310	甲午	394			41		110 (111)	130
16	仁徳天皇	己亥	399	丁卯	427			87			83
17	履中天皇	乙巳	405	壬申	432			6		70 (77)	64
18	反正天皇	庚戌	410	丁丑	437			5			60
19	允恭天皇	癸巳	453	甲午	454			42			78
20	安康天皇	丙申	456					3			56
21	雄略天皇	己未	479	己巳	489			23		(62)	124
22	清寧天皇	甲子	484					5			
23	顕宗天皇	丁卯	487					3	8		38
24	仁賢天皇	戊寅	498					11			
25	武烈天皇	丙戌	506					8	8		
26	継体天皇	辛亥 (甲寅)	531 (534)	丁未	527			25		82	43
27	安閑天皇	乙卯	535	乙卯	535			2		70	
28	宣化天皇	己未	539					4		73	
29	欽明天皇	辛卯	571					32			
30	敏達天皇	乙巳	585	甲辰	584			14	14		
31	用明天皇	丁未	587	丁未	587			2	3		
32	崇峻天皇	壬子	592	壬子	592			5	4		
33	推古天皇	戊子	628	戊子	628			36	37	{73 {75	

表1　崩年干支・在位・宝算の一覧表
田中卓『私の古代史像』（『田中卓著作集11巻のⅡ』国書刊行会所収）より。1箇所追加訂正あり。

治）期間の年数が強く認識されてくる。その画期となるのは、表1の『古事記』からみても五世紀後半の雄略天皇以後のことであろう。雄略朝期は、倭五王の武の時代（『宋書』倭国伝）で、宋の冊封下に入り元嘉暦を下賜されている。また雄略朝頃から朝鮮側の史料とも『書紀』の紀年が合致し、その信憑性が高まってくるといわれている。とくに話題となった斯麻王（武寧王）の墓誌銘(4)である。それによると王は癸卯年（五二三年）、六十二歳で薨じているので、四六一年の出生となるが、これに対応するように『書紀』雄略五（四六一）年六月条に加須利君の子嶋君（武寧王）の筑紫での出生がみえている。

†日本書紀と接点のない卑弥呼

ところで問題なのは、『書紀』において長大化した初期天皇群（応神天皇以前）の年齢からどのようにして在位年数を導き出したかであるが、それが筆者にはわかっていない。一律の方法論があったはずである。『書紀』が編年体としての性格をもつためには、天皇の在位年数を確定していかなければならない。その場合、編年の定点となったのは、さきにあげた神功皇后紀三十九年条にみえる「太歳己未」の本文であって、そこには「魏志ニ云ク」という細注で景初三年の倭女王の遣使記事が引用されている。

『書紀』における紀年法は、天皇の即位年を元年として、以下崩御の年まで二、三、四……と在位期間を数字で数えていく「即位紀年法」ともいうべきものであって、通常は天皇の即位元年条の最後に「是歳、太歳○○」というように「太歳干支」が記されているのが普通である。いわば、中国、朝鮮、日本の三国に共通する干支（十干・十二支）を示してその客観的な歴史の体裁をとっているのである。しかし、神功皇后摂政紀は異例で、元年条に太歳干支はなく、三十九年条に「太歳己未」がみえ、さらに神功皇后の崩御年にあたる六十九年条にも「太歳己丑」とみえている。

「太歳干支」は干支によって客観的な時間の定点を定めるものであるから神功皇后紀の巻は特別の意味をもっている。すなわち、『魏志』の倭女王を神功皇后に比定することによって、『書紀』は編年体としての客観的な定点を確定することができたのである。そして、この三十九年の「太歳己未」と六十九年の「太歳己丑」の三十年間に中国と朝鮮の外交関係の記事を集中させて（中国史料の『魏志』と朝鮮史料の「百済記」による記事）編年していった（図1参照）。

こうしてみてくると、記・紀と卑弥呼・壹与とはなんらの接点ももっていないことがわかる。『書紀』編者は、帝紀においても旧辞（伝承）においても卑弥呼・壹与の事蹟をもち

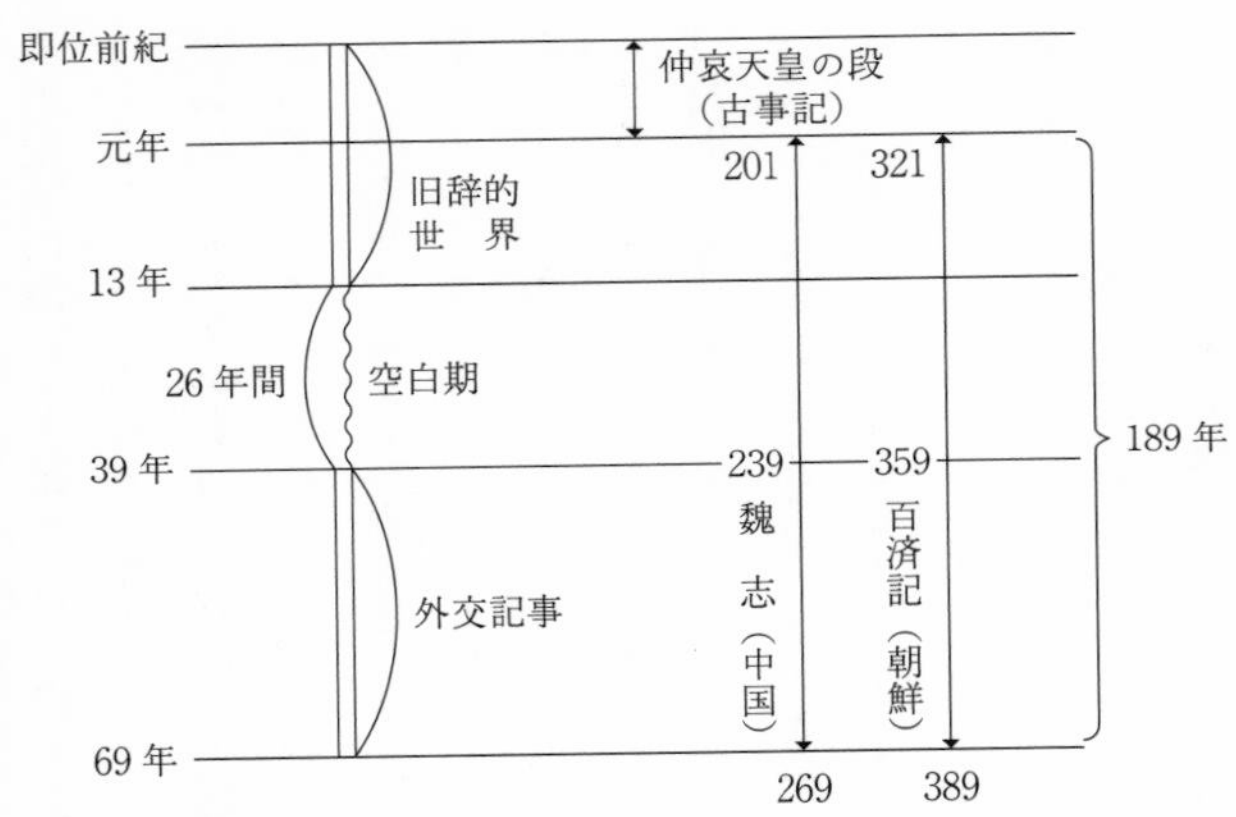

図１　神功皇后紀の構成
小林敏男『日本古代国家の形成』（吉川弘文館）より

あわせていなかったわけである。卑弥呼でも壹与でもない「倭女王」は、『書紀』の編年体史の作業のなかで紀年の定点（中国との接点）を定めるために利用されたわけである。

このことは、卑弥呼・壹与の女王国を畿内ヤマトの地にもっていけない理由の一つとなろう。

3　卑弥呼の「共立」について

†共立とは何か

共立という言葉は、政治体制もしくは政治形態、少しひろげると国家論とも関係してくる。従来、一般的に議論されたのは共立の主体をどのようにみるかという点から、所在地論争にからんで、(1)畿内ヤマト説の邪馬台国内部の支配層の大人クラスによる卑弥呼の共立と、(2)九州説の諸国連合による邪馬台国＝女王国の盟主卑弥呼の共立というように分かれていた。前者は、専制国家に傾斜した邪馬台国、後者は倭国内の諸国の連合体、それはルーズな連合体あるいは部族同盟段階の原始的民主制であるとする意見もあった。

そこで、よく引き合いにだされる『魏志』東夷伝の夫余と高句麗の事例をみておこう(5)。夫余伝によると、夫余王簡位居（かんいきょ）のあと嫡子がなく、孽子（げつし）（庶子、妾腹の子）の麻余を諸加の人々が共立したとある。

また、高句麗伝によると、王の伯固のあと長子の抜奇（ばつき）と小子の伊夷模（いいも）がいたが、国人たちは抜奇が不肖の子であったので伊夷模を王に共立したという。時代は後漢末の公孫度（たく（ど））が後漢から自立して（西暦一九〇年）力をもっていた時代であるが、どちらも王位継承上の困難が生じたときに諸加や国人が共議して新王を立てたということである。諸加とは、〝加〟にある人々のこと、馬加・牛加・猪加（ちょか）・狗加（くか）などの官にあるもので、都から四方に通ずる道を治め、大きな領地をもつものは数千家、小さな者は数百家を支配すると夫余伝は伝えている。

右の東夷伝（夫余、高句麗）の事例を参考にして山尾幸久[6]は、〝共立〟とは「王として擁立した」「王に推戴した」という意で、「共立」と「立」とを区別して、そこに政治体制の原理、もしくは政治形態上の特質をみようとするのは問題であるとのべている。これは、先の(1)の邪馬台国畿内ヤマト説の立場に立っての(2)九州説の「共立」論への反論である。

ヤマト国と北九州沿岸諸国による共立

しかし、筆者は卑弥呼の共立の事例は、夫余・高句麗とは違っていると思う。

吉田晶[7]は、『魏志』にでてくる各種族の国（クニ）の様態を問題とされたが、それによると、(1)国の用語のない烏丸、鮮卑、(2)一種族全体が国となっている夫余、高句麗、(3)一種族の内に多数の国が存在する倭、韓の区別ができるとされる。これは、(1)純粋遊牧民たる烏丸、鮮卑、(2)遊牧（牧畜）＋農耕の夫余・高句麗、(3)農耕主体の倭、韓の区別とみることができないか。筆者は、(1)と(2)には部族制社会、もしくは制度が発達したが、(3)には部族制が発達しなかったとみている。

また倭人伝にでてくる国（クニ）について、吉田は、「一定の領域を自然的かつ恒常的に支配する政治的結合体[8]」をいうが、この国（クニ）の結合体の統括者が首長であったと解している。したがってこの時期（三世紀頃）は有力首長の支配する国（クニ）が歴史の推進力をなしていたのであって、部族制社会―部族連合・同盟段階とみなす見解はとらない。(9)

さきにみた夫余、高句麗の王の「共立」は下部の部族制を政治的に積みあげた政治社会であって、倭国＝女王国の体制とは大分違っている。卑弥呼の「共立」は、各国（クニ）の有力首長の連合体制が北九州のヤマト国（行程記事にみえる邪馬台国ではない――後述）の卑弥呼を盟主として擁立したものであって、部族連合・同盟の盟主の交替・擁立というものでない。それは王位継承上の対立のなかからの共立というものでなく、倭国の大乱というなかから共立されたものである。その意味で「女性の王」という点も重くみるべきであろう。

詳しいことは後述するとして、筆者は、畿内ヤマトの「邪馬台国」と北九州のヤマト国＝女王国とを別個のものとして区別する。そして卑弥呼の「共立」とは、対馬、一支（壱岐）、末盧、伊都、奴、不弥国などの北九州沿岸諸国（その有力首長）と宗主国であるヤマト国（筑後国山門郡山門郷を中心とした）との連合体制がヤマト国の卑弥呼を倭国の王として共立したものである。(10)『後漢書』東夷伝倭人条によると、明帝の建武中元二（五七）年の倭奴国の朝貢、安帝の永初元（一〇七）年の倭国王帥升らの朝貢の流れの中から卑弥呼の

「共立」もでてきており、少なくとも倭国王帥升の段階では倭国王というものが成立していた。

4 卑弥呼の鬼道とその性格

†鬼道と鬼神

卑弥呼の性格を知るには、まず「鬼道に事え、よく衆を惑す」の箇所が問題となる。

近年よく引きあいにだされるのは『魏志』張魯伝に「鬼道を以て民を教え……」とあり、その信者は誠信な心をもち詐欺をなさざることを教えられ、病いのときはその過ちを自首するとしている、それは祖父になる張陵の創始である五斗米道（初期道教の一派）の宗教を継承している。[11] 五斗米道は祈禱と呪水によって病気を治すなどの新興宗教の雰囲気をもっていた。いずれにしろ、呪術的な、マジカルな新興宗教教団とみなされる。

近年、考古学の方面から指摘されているのは、前方後円墳の墳形が道教における神仙思想の影響をうけていること、また三角縁神獣鏡について、それが大型鏡（径二〇～二五センチ）であり、その図柄が神仙（東王父と西王母の神像）と霊獣を表現したものであることである。そこから三角縁神獣鏡は道教の神仙思想の鏡であったといわれている。

右にみた五斗米道のいう「鬼道」が倭国に移入されたとみるのはその教団・結社の性格という点からみて考えがたく、また道教の不老不死の神仙思想（信仰）は高度な宇宙観や宗教性をもったものなので、これも三世紀代では無理だったであろう。ただし、神仙思想は五世紀後半、雄略朝頃からは普及したのではないかと思っている。[12]

「鬼神」という言葉は『魏志』韓伝にみえている。

常に五月を以って種を下し訖るや、鬼神を祭り、群聚して歌舞し、酒を飲みて昼夜休む無し（中略）。十月に農功畢るときも亦た復た之の如し。鬼神を信じ、国邑（国の都）には各一人を立てて天神を主祭せしむ。之を天君と名づく。又諸国各別邑有りて、之を名づけて蘇塗と為す。大木を立て、鈴鼓を県け、鬼神に事う。諸の亡（逃亡者）の逃げて其の中に至れば、皆之を還さず[13]……（傍点、訓みは筆者）

鬼神の鬼とは人の死霊・死魂である（『礼記』祭法[14]）。それを鬼神として五月の種下しと十月の収穫の折はまつっている。こうした祭りは、のちの田の神信仰として日本の農耕社会にも定着していた。したがってこの鬼神というのは、この段階では祖霊的な存在、もしくは穀霊的な存在であったろう。一方、国々の邑（みやこ）には天君一人をたてて天神を主祭しているという。天神が問題となるが、これは霊魂的な姿を脱して、日神的な神をさすのだろうか。また、特別区の邑（みやこ）があって、それは蘇塗（ソト）とよばれる聖なる所で、そこには大きな木が立てられていて、それに鈴と太鼓とをさげ、鬼神を祭っているという。このソトはいわゆるアジール（逃避邑）の特別区であった。

　右の大木に鈴や太鼓を下げるというのは鬼神の降臨をむかえる呪儀であるが、『書紀』神代七段正文では、中臣連と忌部の遠祖が大和の天香具山の賢木（サカキ）を根ごと掘り取り、上枝に玉、中枝に鏡、下の枝にニギテ（神に供える麻の布）をかけて、天照大神を天岩屋戸からむかえるために祈禱したという。これは日神である天照大神を降臨させるための祭儀である。

　また『書紀』には景行天皇（『書紀』十二年七月条）の西征巡幸がみえるが、周芳国に天皇が到ったとき、神夏磯媛という女首長が磯津山の賢木を根っこからひきぬき、上枝に剣、中枝に鏡、下枝に玉をかけて船の舳に立てて参向したとある。これも、景行天皇を「日の御子」に見立てての参向であり、その祭儀はここでは天皇に対する服属儀礼の話になっている。

†祭司王とシャーマン王

以上の『魏志』韓伝の鬼神信仰は、同じ農業社会の倭国にもいえることである。そこでは精霊的、デーモン的な鬼神の祭儀（呪儀）が行われており、上部の政治世界では天君・天神にみられるように神的な存在となった天的祭儀も展開していた。倭国の社会でも鬼神信仰が一般的であったとみてよい。しかし、それで卑弥呼の鬼道の問題が終わるわけではない。倭人伝には「鬼道を事としてよく衆を惑わす」とあるからである。いわば宗教的職能者としての卑弥呼、シャーマンとしての能力もみなければならない。

歴史民俗学の方面からのシャーマニズム研究の第一人者であった桜井徳太郎(15)は、「鬼神とは死者をさし、鬼道とは死者を処置する方法、つまり埋葬・供養などの一切の死者儀礼をさすのだと考えてよい。卑弥呼はこうした死者儀礼の最高統轄者、最高位の宗教的職能者だったということになろう」「けれども『鬼道に事えた』という職能を、死者の霊魂と交流することによって死者の遺志を現世の人々に伝えたり、死霊の統御をはかるという呪術を心得ていたものとみるならば、卑弥呼はまさしくシャーマンだったということになろう」とのべている。

桜井は、卑弥呼の両方の機能（死者儀礼の統轄者とシャーマン）を認めているようだが「とくに霊媒的職能者の機能が中国人の眼には『能く衆を惑わす』ものと観取されたのであろう。とすれば鬼道とはまさしくシャーマニズムであり、卑弥呼はまぎれもなくシャーマンであった」と断言している。

右の王家の死者儀礼にかかわる最高位の宗教的職能者としての卑弥呼と、死霊を霊媒（神がかり）するシャーマンとしての卑弥呼は中国的観念としての「鬼道」から導きだされたものであるが、筆者はこれをもう少し広く定義しておきたい。すなわち、宗教的職能者を司祭王（祭司王）として広く王室の祭祀全体（死者儀礼、すなわち葬送儀礼も含む）にかかわる存在、シャーマンを死霊のみでなく祖霊、穀霊神を憑依するもので、その統轄者としての存在とみた方が韓伝の鬼神祭祀・信仰とも重なり合うことになろう。

祭司王とシャーマン王はこの卑弥呼の時代にあっては未分化の状況にあったが、やがてこれは分離し、天皇には祭司王としての姿はみられるが、シャーマン性はすっかり抜けおちている、あるいは卒業している。

この祭司王としての、またシャーマン王としての性格は卑弥呼の一身に集中しているというよりは、もう少し構造的にとらえた方がよいだろう。いわば一つの組織だった高級神女をふくめた祭祀集団を想定すべきであろう。

山尾幸久[16]は、卑弥呼に「自ら侍」している「婢千人」は決して家内奴隷でなく、女性最高司祭者の卑弥呼に参加している〝女神官群〟〝宮廷巫女団〟に他ならないと解釈している。

いわば、下部の祭儀（葬送をふくむ）やシャーマニズムを統括する最高位の宗教的職能者が卑弥呼であったとみなすべきであろう。後述する卑弥呼の死における記述「大いに冢（つか）を作る。径は百余歩。循葬（じゅんそう）する者奴婢百余人なり」も、宮廷巫女団の葬送儀礼によって挙行されたのであろう。また卑弥呼は祭司王としての〝聖性〟を獲得保持するために深い〝物忌み〟に服していたのであろう。それは「王と為（な）りてより以来見ること有る者少なし」にあらわれている。

†沖縄のヒメ・ヒコ制

祭司王・シャーマン王の卑弥呼にとって、もう一つ重要な論点となるのは、卑弥呼の統治を輔政した「男弟」の存在である。これはヒメ・ヒコ制の観点から考えてみる価値があろう[17]。それは一般にヒメは祭祀、ヒコは軍事・行政を司る二重（二元）体制である。この事例がよくあらわれているのは沖縄諸島であろう。

沖縄では、Ⓐ最小の生活共同体、いわゆる村段階を「シマ」といい、そこにはそのシマの宗家（草分け）の長の根人（ニッチュ）が一般の行政を、宗家の神女を根神（ニーガン、ニーガミ）といって祭祀を担当した。Ⓑ第二にいくつかのシマを統轄した広域的行政区画である「間切」（マギリ）があり、そこにはその行政を担当する支配階級である「按司」（アジ・アンジ）と按司の宗女の祝女（ノロ、ヌール、ノロクモイ）が各々の間切行政と公的祭祀を担う。Ⓒ王権のレベルでは、「世の主」（王）とその王女（もしくは王妃、母后）の「聞得大君」（キコエノオホキミ）という統治体制が尚真王の時代（一四七七年即位）には完成していた。聞得大君は様々な強力なセヂ（霊力）をもち、ヲナリ神として国王に霊力を附与し、神聖王として誕生させる役割をもっていた。

沖縄社会にはヲナリ神信仰が基底にあって、エケリ（兄弟）を霊的に守護する能力がヲナリ（ウナイ、姉妹）にはあった。これは、兄弟姉妹の血縁紐帯を通して、エケリ―ヲナリ間に霊力（セヂ）が働くという信仰である。ただし、夫婦間には〝血〟の紐帯がないゆえに、それが働かないという特徴がある。

　この信仰は、倭国でも『古事記』景行天皇の段に説話伝承がみられる。倭建命（ヤマトタケルノミコト）と姨の倭比売命（ヤマトヒメノミコト）との間のヲナリ神信仰である。命は姨から御衣・御裳を給わり、その御衣・御裳を服して童女の姿となって、熊襲建の兄弟を滅す。まさしく、沖縄のヲナリ神信仰と同じく、姨（基本型は姉妹であるが、姨もヲナリ神の範疇に入る）の霊力が御衣・御裳を通して命に働いたのである。これはさらに命の東国征討のときにも伊勢神宮の斎王として仕えていた姨の倭比売命から草薙剣（クサナギノツルギ）と御嚢（火打ち石を入れた）を授けられ、それを使って相武国（相模国）で国造から難をのがれるのである。

　ヒメ・ヒコ制は沖縄の場合は、ⓐヒメ―祭祀とⓑヒコ―軍事・行政がはっきりと分化され、ⓐもⓑも同等の比重をもっていて、その意味で二重（二元）体制がシマ→間切→王権の各レベルで貫徹していたとみてよい。このヒメ・ヒコ制は『古事記』垂仁天皇の段にもみえる。沙本毘古王（サホビコノキミ）と沙本毘売命（サホビメノミコト）の兄妹の反逆物語である。

　垂仁天皇の后であったサホビメは兄サホビコから天皇を殺害するよう鋭利な紐小刀を授

けられ、妹としての兄と妻としての天皇との間の愛の葛藤ゆえに悩み、ついに兄の構える稲城にかけこみ兄と一緒に行動をともにするのであるが、兄が妹にいった言葉が「いまし、まことにあ（我）を愛しと思はば、あ（我）といまし（汝）と天の下治めむ」というものであった。いわば同母兄妹におけるヒメ・ヒコ制の統治形態を実現したい（あるいは回復したい）という兄（ヒコ）の誘いであった。これは結局ヒメ・ヒコ制の没落・失敗の物語なのであるが、こうした話が説話として伝承されてきたということであった（『書紀』は垂仁天皇紀四年九月〜五年十月条で『古事記』と基本的に同じ）。

†九州の女性首長

このヒメ・ヒコ制が現実に力をもっていたのは筑紫国（九州）における女性首長の存在であろう。

すでにみた『書紀』景行天皇十二年七月条にみえる豊国の魁帥（ひとごのかみ）、すなわち女性首長の神夏磯媛は同時に司祭的職能者として現れている（賢木に剣・鏡・勾玉をかけて帰順したとあるのは祭祀権の天皇への委譲である）。次に豊後国大分郡に速津媛という「一処の長たり」とある女性首長が登場する（十二年十月条）。さらに阿蘇国に阿蘇都彦と阿蘇都媛のヒメ・ヒコがみえる（十八年六月条）。『書紀』神功皇后紀には筑後国山門郡の土蜘蛛田油津媛が誅され、兄の夏羽が軍を起こしたとある。

また『風土記』をみると土蜘蛛たる女性首長がたくさん現れている。例えば『肥前国風土記』松浦郡賀周里に「昔、此の里に土蜘蛛あり、名を海松橿媛」とあって、景行天皇の巡行のときに誅い滅ぼされたとある。土蜘蛛とは、九州に限定されるものでないが、ヤマト王権側からみた服従しない集団への卑称であり、その集団の長が女性の場合、女性首長として現れている。女性首長とはヒメ・ヒコ制のヒメが前面にでた形で、外交上の代表者の顔をもったものである。

以上をみると、ヒメ・ヒコ制、聖俗二元（二重）主権（首長権）は伝承の範囲をでないが、九州に色濃く分布していたことがわかり、卑弥呼は明らかにそうした九州の風土の中から登場した女性であったとみるべきであろう。

5　卑弥呼の死と冢

†箸墓古墳は卑弥呼の墓か

卑弥呼の死の状況は詳しくはわからない。亡くなった年については、正始八（二四七）年に卑弥呼は使者を帯方郡に派遣して狗奴国との戦闘状況を報告しており、郡の大守はすぐに張政等を派遣している。張政は倭国に来て詔書と黄幢（こうどう）をもって難升米（なしめ）〔なとめ〕に拝仮（はいか）し檄（げき）を作って告喩している。そのあとに続けて「卑弥呼以死、大作冢、径百余歩、殉葬者奴婢百余人」とある。

問題となるのはⓐ「卑弥呼以（もっ）て死す」とよむか、ⓑ「卑弥呼以（すで）に死し……」とよむかで若干ズレが生ずる。ⓐだと、推測になるが、張政が倭国に来たあとまもなく卑弥呼が亡くなったと考えられる。ⓑだと張政が倭国に来る直前には亡くなっていたと解せられる。いずれにしろ、卑弥呼は正始八年か正始九年には亡くなっており、張政は卑弥呼の葬送儀礼を実見していたとみられる。

問題は「冢(つか)」(墓)であるが、「径百余歩」とあるから、一尺は魏晋代の尺度で約二十四センチ、一歩(ぶ)は六尺で約百四十五センチ、百歩は約百四十五メートルというかなり巨大な墳墓であった。これを考古学的には、畿内ヤマト説は前方後円墳、九州説は方形周溝墓(しゅうこうぼ)、弥生墳丘墓(ふんきゅうぼ)ということになるか。

畿内論者の前方後円墳説では、纒向(まきむく)遺跡にある全長二百八十メートルの箸墓(箸中山)古墳を時期的には二四〇~二六〇年代とみて、卑弥呼の墳墓とするのが近年の有力説である。

前方後円墳の出現は、従来の説では三世紀末~四世紀初頃であったが、近年は五十年ほど遡らせて三世紀中頃ということになっている。(18) ちょうど、卑弥呼の没年頃に重なってくる。これによって一気に畿内説が有力になった。

時期的には適合することになった箸墓古墳は、前方部百二十四メートル、後円部百五十六メートル、全長二百八十メートルの初現期の大型前方後円墳である。しかし、これは倭人伝の直径百四十メートルの円形の墓の形状とはあわない。また殉葬者百人の風習も箸墓にはみえない。

文献史学の筆者にとっては考古学は不案内になるので、文献の方から箸墓について考えてみたい。

†王権における巫女の排除――モモソ姫の説話

箸墓は、倭迹迹日百襲姫命（ヤマトトトヒモモソヒメノミコト）の墓とされている。この姫は、その名から神がかりする巫女として有名である。ヤマトは地名の大和、トトヒは「十十霊（ひ）」で「十×十で百になる霊的」な意味、あるいは「鳥飛び（とと）」で霊魂の飛ぶことの比喩（ひゆ）、モモソは「百度もたびたび神異がその人を襲う」意かとされている。[19] いわば巫女（シャーマン）として十全な能力をもった女性である。

『書紀』によれば、崇神天皇の御世となって災害が打ち続き、天皇は神浅茅原（かむあさぢはら）で八十万神を集めて占い問われた。そのときに、ヤマトトトヒモモソ姫に大物主神（おおものぬしのかみ）が憑依（ひょうい）して、その教えにしたがって祭祀を執（と）り行ったが、一向に効験（こうけん）があらわれなかった。そこで天皇が沐浴斎戒（もくよくさいかい）して殿内の神床で夢占いをされた。夢に大物主神（おおものぬしのかみ）が現れ、「吾（あ）が子の大田田根子（おおたたねこ）」をもって吾（あれ）を祭ればたちまち災いは平（たい）らぐだろうと宣（のたま）った。そこで河内から大田田根子を探し求め祭主として祀（まつ）ったところ疫病の災いが終息したという（崇神天皇紀七年二月、八月、十一月条）。

この話は、実は王権における巫女（シャーマン）祭祀の没落・排除、天皇配下の男性祭主（神主）における新しい神々の祭祀へと祀りの様態が転換したことを物語っている。同じ崇神天皇の所で、「日本大国魂神を以ちて渟名城入姫命に託けて祭らしむ。然るに渟名城入姫、髪落ちて体痩せて祭ること能はず」（崇神天皇紀六年条）とあって、これもシャーマンであったヌナキ入姫も大国魂神を祭ることができなくなった。いわば、王権からシャーマン祭祀が排除されていくことが意味されているのである。そして王権では新しく大神の後裔としての血縁関係を示す男性を中心とした祭主による、おそらく従来の祟り神としての神祭りから守り神（祖神）としての神祭りが始まるのであろう。[20]

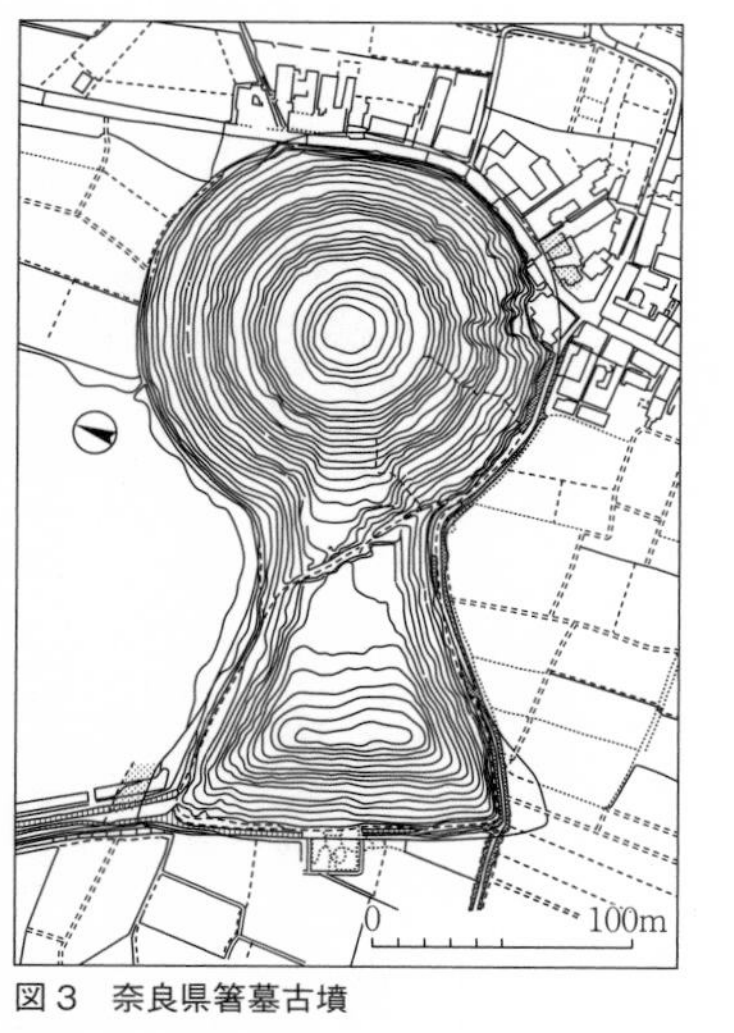

図３　奈良県箸墓古墳

この後、三輪山伝説が続いている。そこには大物主神の妻であったシャーマンのモモソ姫が夫の神の正体をみようとして、それが「美麗しき小蛇」であることを発見する。これを恥じた大物主は大虚を踏みとどろかし御諸山（三輪山）を登っていく。これをみた姫は後悔し、尻もちをついた途端、箸に陰をついて薨去してしまう。そこで大市（桜井市）に葬った。時人はその墓を箸墓（大市墓ともいう）と号づけたとある（崇神天皇紀十年九月条）。

以上、その説話世界から示されるモモソ姫像は、王権における巫女（シャーマン）の排除であり、その没落する姿を示している。

†モモソ姫と卑弥呼の違い

しかし一方、武埴安彦（崇神の叔父）の乱の所では、「是に天皇の姑倭迹迹日百襲姫命、聡明く叡智しくましまして、能く未然を識りたまへり」（崇神紀十年九月条）とあって、武埴安彦の謀反を予見したとしてその高い巫女性が示されているのである。

ここで、天皇の〝姑〟（おば）とあるのは、普通は崇神の父の開化天皇の姉妹であるはずであるが、モモソ姫は孝霊天皇の御子とされているので、崇神の祖父孝元天皇の姉妹ということになる。しかし、別の所の系譜では孝元天皇の御子に「倭迹迹姫命」がみえるのでこの姫の方を採用すると、〝姑〟（おば、父の姉妹）の系譜は生きてくる。すなわちモモソ姫は孝元天皇の御子で開化天皇（崇神の父）の姉妹であったということになる。

　これはちょうど、ヤマトタケルと姨倭姫命のヲナリ神信仰と似た形である。モモソ姫の高度な巫女性を考えると、ヒメ・ヒコ制の形でもあった。いわば、崇神天皇の代では、ちょうどヤマト政権にとってはヒメ・ヒコ制の転換の時期にあたっており、三輪山伝承によって偉大なシャーマンであったモモソ姫の没落していく姿が形象化されているのである。これは卑弥呼と状況は違っているようにみえる。

　卑弥呼の方は「大いに冢を作る」とあるが、これは「大きな冢」を作るというよりも、冢を中心とした葬送儀礼の壮大さを示したものではなかろうか。卑弥呼像は、すでにみたように神がかりする巫女（シャーマン）王だけでなく、死霊・祖霊などの葬送儀礼などを主宰する司祭王としての両面をもっていた。卑弥呼を頂点とした高級神女、宮廷巫女団を動員しての壮大な葬送儀礼が「大いに冢を作る」ということに表現されていると思う。いわば、九州のヒメ・ヒコ制はこの卑弥呼の時代には、まだ健全に機能していたのである。

　一方、畿内ヤマト政権のモモソ姫は、祟り神としての本質をもつ大物主の大神の妻（巫女）として、大神の憑依・託宣の祀り手であったのであるが、ヒメ・ヒコ制のヒメのもつその巫女性の排除・没落のゆえに政権内でその役目を終えてゆく姿が説話化されている。

†循葬と北九州の卑弥呼像

次の問題は、循(殉)葬者、奴婢百余人である。『書紀』には垂仁天皇の弟の倭彦命が亡くなったときに近習者を生きながらに陵の周囲に埋め立てたとある(垂仁天皇紀二十八年十一月条)。そのあと皇后日葉酢媛命が薨去したときは、天皇はその悲惨さを思ってまよっているとき、野見宿禰が生きた人を埋めるという葬送にかえて、かわりに土物(埴輪)を陵墓に樹てることでその問題を解決したという(垂仁紀三十二年七月条)。

これらは、土師氏の祖である野見宿禰の埴輪起源説話である。いわば王権の葬送儀礼(埴輪作りも行った)を掌った土師連氏の職掌から生まれたもので、垂仁天皇の時代以前から殉葬が行われていて、この天皇の時代に殉葬が終わって埴輪が始まったというような歴史的経緯をのべたものではない。

『魏志』夫余伝によると「其の死するときは、夏月には皆氷を用う。人を殺して循葬せしめ、多きは百をもて数う」とある。殉葬という風習が夫余(高句麗の北に接する)にあったとすると、朝鮮半島での風習が倭国(北九州)にも影響を及ぼしているのではないかと推測できる。

この点については、時代は下るが、日本神話論の中で、アマテラス大神系の弥生土着文化に対して、タカミムスビ系の北方騎馬民族文化の影響を考える日本神話の二元論が主張されている。[21] また、考古学の方からは高句麗系の積石塚（つみいしづか）の日本列島への流入が指摘されていることも参考となろう。

筆者の頭の中には北九州の卑弥呼像がある。ヒメ・ヒコ制が十分機能していた時代である。それゆえ、卑弥呼のあとも混乱はあったが、宗女壹与、年（とし）十三歳が女王として継承されたのである。〝宗女〟とあるのはヒメ・ヒコ制のヒメが神聖王家から出ているということで、おそらく姨（おば）↓姪（めい）という母系継承ラインで壹与が擁立されたのであろう。沖縄において神女のノロ職の家系は特定化されており、姨↓姪の継承ラインが重視されているのも参考となろう。こうしてヒメ・ヒコ制は九州で展開したが、結局畿内のヤマト政権（邪馬台国）が九州に征討したとき、ヒメ・ヒコ制のヒメ（女首長）が祭祀権をヤマト政権に移譲（献上）することによって崩壊していったのである。

一方、畿内の邪馬台国・ヤマト政権では、ヒメ・ヒコ制は政権の専制化、祭祀改革によって、ヒメが排除されヒコ（王）の下に新しく組織化され、制度化されていったと推測している。

注

（1）関和彦『邪馬台国論』第二章一節、校倉書房、一九八三年。
（2）小林敏男「日本書紀の紀年論 上・下」（『日本古代国家形成史考』Ⅶ・Ⅷ、校倉書房、二〇〇六年）。
（3）三品彰英「紀年新考」（那珂通世著・三品彰英増補『増補　上世年紀考』養徳社、一九四八年。
（4）金元龍『武寧王陵』近藤出版社、一九七九年。
（5）太田亮編『漢・韓史籍に顕はれたる日韓古代史資料』国書刊行会、一九七二年。藤堂明保他全訳注『倭国伝』講談社学術文庫、二〇一八年。
（6）山尾幸久『新版　魏志倭人伝』一八六ページ。
（7）吉田晶『卑弥呼の時代』一〇六ページ。
（8）吉田晶『卑弥呼の時代』一〇九ページ。
（9）小林敏男「日本古代国家の形成を考える」（『日本古代国家形成史考』のⅢ）。
（10）井上光貞「邪馬台国の政治構造」（石井良助・井上光貞編『シンポジウム　邪馬台国』創文社、一九六六年。平野邦雄『邪馬台国の原像』四四ページ、学生社、二〇〇二年。
（11）重松明久『古墳と古代宗教』学生社、一九七八年。
（12）小林敏男「古代における神と仏」（佐々木宏幹『民俗学の地平――桜井徳太郎の世界』所収、岩田書院、二〇〇七年）。
（13）藤堂明保他全訳注『倭国伝』講談社学術文庫、二〇一〇年。
（14）『礼記』祭法に「人死するを鬼と曰う」とある。

(15) 桜井徳太郎「鬼道(シャーマニズム)の問題」(上田正昭編『ゼミナール日本古代史上』所収、光文社、一九七九年)。
(16) 山尾幸久『新版　魏志倭人伝』二〇〇ページ。
(17) 柳田国男『妹の力』(『定本柳田国男集第9巻』所収、筑摩書房、一九七五年)。
(18) 白石太一郎『古墳とヤマト政権』文春新書、一九九九年。同「考古学からみた邪馬台国と初期ヤマト王権」(橋本輝彦・白石太一郎・坂井秀弥『邪馬台国からヤマト王権へ』ナカニシヤ出版、二〇一四年)。
(19)『日本書紀(一)』二六五ページ、ワイド版岩波文庫。『日本書紀1』二五七ページ、日本古典文学全集、小学館。
(20) 中村生雄「祟り神と始祖神」(『日本の神と王権』所収、法蔵館、一九九四年)。
(21) 溝口睦子『アマテラスの誕生』岩波新書、二〇〇九年。

第四章　行程記事について

1 里数記事と日数記事の相違について

†日数と里数の質的相違

倭人伝では最初に行程記事があって、邪馬台国―女王国までの道順がのべられている。その解釈をめぐっては、長い研究史と様々な解釈があって一定していない。

まず出発点は帯方郡であって、そこから狗邪韓国―対馬国―一大（支）国―末盧国―伊都国―奴国―不弥国―投馬国―邪馬台国（女王の都する所）へと続く行程となっている。そして次にということで、斯馬国以下、奴国（おそらく□奴国で脱字があったか）までの二十一国があげられていて、これらの小国は女王に統属しているが、その女王の統属圏の外、南に狗奴国という男王の国があった。

この行程記事で注意したいのは、「南、邪馬台国に至る、女王の都する所」とあって、邪馬台国が終着国となっている。そこは女王が都をおいた国なので、以下倭人伝では女王国が主体となっていて、邪馬台国は全体をみてもここに一回のみ現れる国なのである。陳寿の関心が女王国にあったことが知れる。陳寿にとっては、帯方郡からどういう方向、距離をとって女王国に到るのかがわかればよいのであって、あまり複雑な書き方をしたとは思えない。

問題なのは、陳寿の述作のときどのような史料またはどのような史書があって、それをどのように陳寿が処理したかであって、そのあたりを考えるとき、放射線式読法と直線式読法の解釈等々難しい問題がでてくるのである。

この行程記事で一番の注目点は、投馬国と邪馬台国への日数記事と、それ以外の国々の里数記事との質的相違をもった記述である。そして、その相違はおそらく別々の史料にもとづくものであったろう。

†邪馬台国は辺境の国

倭人伝のなかで、その質的相違を考える上で注目したいのは、邪馬台国（女王国）までの行程をのべたあとで、(A)「女王国自り以北、其の戸数・道里は略載することを得可きも、其の余の旁国は遠絶にして、詳かにすることを得可からず」とあり、(B)「次に斯馬国有り、次に巳百支国有り……」と二十一カ国の名が続いている点である。この場合、(A)と(B)とを関係ある文とみて、戸数・道里が略載されていない(B)の二十一ヵ国は、女王国（邪馬台国）の〝旁国(ぼうこく)〟であるとみる点である。しかし、筆者は(A)と(B)とは切れていて関係はないと考える。

(A)での「戸数・道里の略載」は投馬国と邪馬台国にはあてはまらない。この二ヵ国は「可（ばかり）」「道里」（里数）ではなく日数になっていること、また「戸数」についても二ヵ国は「可とあって推定となっている。いわば投馬国と邪馬台国の二ヵ国は戸数・里数を掲載された国々（対馬〜不弥国）とは違って、「遠絶(えんぜつ)」にして「旁国」（遠くはなれた辺境の国）(2)なので、詳らかにはできなかったということであって、ここで切れて、(B)「次に」ということで二十一ヵ国の女王に属する国名（小国）をあげているのである。

いわば対馬から不弥国までの北九州沿岸の諸国と、それらとは区別された「遠絶の旁国」である投馬・邪馬台国（おそらく出雲と畿内ヤマト）の二ヵ国とを区別して考えるべきであろう。すなわち次の三つに分類できる。

A　対馬〜不弥国の六ヵ国
B　投馬国と邪馬台国の二ヵ国
C　斯馬国〜□奴国の二十一ヵ国

2 喜田貞吉と橋本増吉の日数記事の理解

†喜田貞吉の見解

そこでこの日数記事と里数記事との相違についての研究史をみておこう。すでに戦前、喜田貞吉(きたさだきち)と橋本増吉によって興味深く問題提起されている。

喜田貞吉は、(3)「魏志の倭人に関する記事は、実に其の拠れる史料に於て、既に九州諸国の領主と、大和朝廷の威力とを混同せるの嫌(きらい)あるなり」「陳寿は九州なる邪馬台国を以て、自己の伝聞に基づき、畿内なる大和国と混同し、大和朝廷の威力の及べるものを以て、卑弥呼の勢力と混同せるものなり」として、北九州の不弥国より南水行二十日の投馬国、さらに南水行十日・陸行一月の邪馬台国は畿内の大和に至る道程で、それは北海廻りで出雲国を経て越前敦賀(つるが)からさらに近江・山城を経て大和の京(みやこ)に至るものとしている。(4)

すなわち喜田は郡より女王国までの一万二千里は、「水行十日陸行一月の行程とは全然独立に存したるものにして、一は女王国なる邪馬台国を指し、一は畿内の大和を指せしものなりしを、陳寿其の別あるを知らず、共に邪馬台国を説明すべく用ひたるの跡、極めて明なり」として、里数記事（邪馬台国）と日数記事（大和朝廷）を区別している。また喜田はのちの論稿で、[5]魏志の陳寿は晋代の人で、この時代すでに倭国は大和朝廷のことであり、少なくとも大和に至る道程が晋に知られていた。陳寿はこの大和と邪馬台国を混同して魏志を書いた、すなわち大和に至る晋時代の新知識と南行して邪馬台国に至る魏時代の旧史料とを軽率（けいそつ）にも総合して魏志の文ができたのだとのべている。

喜田が畿内大和の大和朝廷と北九州の卑弥呼の邪馬台国の併存を認めたのは、戦前の研究状況からでていることでもあるが、この場合、問題は卑弥呼の時代が記・紀の大和朝廷のどの天皇の時代なのかという『書紀』の紀年論にも関わる大きな問題でもある。

喜田は卑弥呼の時代が大和朝廷の崇神・垂仁・景行天皇の時代に当たること（喜田の紀年論では、『古事記』の崇神天皇の崩年干支戊寅（ぼいん）を西暦一九八年、卑弥呼の死の正始八〈二四七〉年は景行天皇十年に当たるとする）、そのとき朝廷の威力は九州北部にも及び、倭人伝の「国々市有り、交易を有無して、大倭をして之を監せしむ」の〝大倭〟は大和朝廷であること、また「女王国より以北に特に一大率（いちだいそつ）を置き、諸国を検察せしむ」の〝一大率〟ものちの大宰府的役割をもった官であるとしている。ただこの時代「九州諸国の領主等は、孰（いず）れも半独立の形成を維持し、漢以来の例を逐ひて、各自王と称して魏に交通し、魏亦前朝の例により て之を遇せしものなるべし」とし、一方、当時大和朝廷が直接に魏と通交したと解すべき 史料がひとつもないから、倭人の王たちは、なお一国の主権者の名をもって魏と通交して いたとされる。

喜田の紀年論は問題を残す。したがって、大和朝廷の内実を崇神・垂仁・景行天皇の時代に想定する見解には俄には賛成できないのであるが、畿内大和に一つの政治勢力を認めて九州邪馬台国（女王国）との併存を考えている点は興味深い研究であると思う。

†橋本増吉の見解

次に『改訂・増補　東洋史上より見たる日本上古史研究』(6)の大著（千三十三ページ）で有名な橋本増吉の研究をみておこう。

橋本増吉は、投馬国を筑後国三潴郡・上妻・下妻郡とし、邪馬台国を筑後国山門郡に比定する九州説論者であるが、不弥国から投馬国への水行二十日、さらに邪馬台国までの水行十日・陸行一月の日数記事は、九州北岸より畿内ヤマトに至る史料によって書き改められたものであるとする。この点をもう少し詳しくみると、「投馬を出雲に当て、日本海航路により敦賀に上陸して畿内大倭(やまと)に至る行程をば、魚豢(ぎょけん)(『魏略』の撰者——小林)か或は陳寿が伝聞し、これを魏時代の史料にみる筑後国山門に至る不弥より南へ南へと下りし行程の記録と対比した際、会々(たまたま)その両史料に類似の字音を有する国名ある事実に誤られ、遂にその両者を一として、行程は前者により、方位は後者によりて、この記事をなすに至ったものではないか」としている。

右の結論の背景に、晋初の魚豢・陳寿の頃においては、すでに畿内大和が創建せられ、しかも相当有力な大国として発展しつつあったこと、その畿内の「ヤマト」は、いわゆる倭国の大乱のとき(一八〇〜一九〇年頃)、北九州の邪馬台国内部の勢力に敗れた、すなわち女王に敗れた一派が東方ヤマトに移住・定住した結果、同じ「ヤマト」(邪馬台)なる国名をもつようになったといわれている。

結局、橋本説は里数記事と日数記事との異質性から出発しているわけであるが、別のところで「翰苑(かんえん)所引の魏略本文には『自帯方至女(王)国、万二千余里』とあるだけで、不弥国や投馬国や邪馬台国に至る里数記事及び『水行二十日』『水行十日、陸行一月』なる日程記事を全然欠いているのである」として、「魏略の本文には、不弥国より邪馬台国に至る『水行二十日』『水行十日、陸行一月』なる行程記事は存在しなかった」「即ちかの里

数行程と日数行程との両記事はもと別の伝えであったもので、魏志に至って始めて不用意に採録併記せられたもの」という。(7)

右の指摘は、日数記事と里数記事の相違の出所、史料的根拠を示したものである。いわば橋本説にあっては『魏志』本文の批判と『魏略』『広志』の史料の考証による自説の主張であることは重要である。

橋本は「魏略倭人伝の全文が果たして如何なるものであったか問題であるが、翰苑（翰苑所引の魏略——小林）によりて知らるゝ所では、魏志本文に比すれば比較的簡略で、伊都国より邪馬台国への行程についても、殆ど記するところがなかったのではないか」、また「少なくとも魏略の記事は、魏志と異なり、同時に広志に見る如き、邪馬台国と伊都国の傍国なることを記せし記載が存在したことを示すものではあるまいか」(8)としているのも興味深い指摘である。

『翰苑』所引の『広志』（晋の郭義恭）をみると、「邪届（馬か）、伊都傍、連斯馬」という題目の下に「倭国東南陸行五百里、到伊都国、又南至邪馬嘉（臺）国、自女［王］国以北、戸数道里、可得略載……」とあって、伊都国が南の邪馬台国（女王国）に相近いという認識が邪馬台国を以て伊都国の傍であるとみる『翰苑』（張楚金）の題目からも窺われることは重要である。

†二つのヤマト国の併存

そこで問題となるのは、橋本説にあっては、二つのツマ国（投馬国）、ヤマト国（邪馬台国）を想定している点である。

橋本は結論の所で「予は魚豢・陳寿の時代が、既に我が大和朝廷の威名が九州方面に知られし時代に相当する事から見て、当時撰者は、九州及び畿内のヤマト国に至る、その何れの行程にも会々（たまたま）その中間に『投馬』の字音を以て当てられ得べき発音の国名あるが為に、こゝに編者の思想上に混雑を来し、九州より大和に至る日程を以て、不弥より邪馬臺に至る日程と誤認し、為めにその不弥より投馬・邪馬臺に至る里数記事を棄て、その誤認せる九州より大和への日程記事を以て之に代えたゞけに過ぎないものである。……されば、この日程記事を以て、三国魏の景初・正始年代の事実を証明すべき史料として使用することは不可であるという考えから、予（よ）は主として里数記事を採り、日程記事を排することを以て正当と信ずるのである」(9)と結論づけた。

しかし、すでに白鳥庫吉の批判があるように南のヤマトと東のヤマトに至る途中に「最も著しい要衝（ようしょう）の地として共に両投馬国の名称のみが挙げられたと云ふのはあまりにも偶然すぎる一致ではあるまいか[10]」とする疑問はもっとものような気がする。ただ、白鳥自身も日数記事と里数記事との矛盾は認めている。

一方、二つのヤマトについて橋本は「国名の問題」として検討している。

それによると『ヤマト国』なる国名は、北九州の筑後山門地方に蟠踞（ばんきょ）せる、いわゆる女王国の名称であったと思はれるのに、それが何故に、また如何（いか）にして畿内大和の国名となり、更に全日本の名称として認められ、使用さるゝに至ったのであるかという疑問は是非とも闡明（せんめい）せられなければならない疑問であろう」とし、その仮説として『ヤマト』の名称がその国名として使用されたのは北九州の筑後国山門（やまと）郡に拠った部落国家が最初で、畿内大和の方はその名称の東に移動したものであろう」という。そして、後漢末の倭国の大乱の結果、女王に敗れた邪馬台国統括圏の一派が、すなわち東方への移住者が新たに占拠せし地に同じくヤマトなる国名を付したのであるとしている[11]。

二つのヤマト国の併存については、右の説明によってよくわかるが、二つのツマ（投馬）についてはそのような考察はしていない。とくに邪馬台国の七万戸に次いで五万戸の大国とされている投馬国を筑後国三潴郡（ミヌマ、のちミツマ）、上妻・下妻[12]郡に比定しているのは、戸数が実数を示したものでないにしても、奴国の二万戸と比較してもその位置は疑問が残る。したがって、投馬国についても白鳥の疑問点をクリアしていないとみなされる。

3　陳寿の考えた倭国の地理像と行程記事

†現実の日本列島と合わない地理像

『魏志』倭人伝をみると、陳寿の考えた「倭地」（日本列島）の様子は、会稽・東冶（浙江省から江蘇省・福建省福州）の東方に位置し、南北五千里にわたって連亙・絶在する海中洲島から成り立っている（以下、図4参照）。

　この南北五千里の「倭地」を狗邪韓国から南へ五千里とすると、別記では「郡から女王国に至る一万二千余里」としているから、郡から狗邪韓国までの七千里を考えると、女王国は結局「倭地」の南限に位置することになる。そう考えると女王国の南にある狗奴国を入れる余地はなくなってしまう。そこで五千里の「倭地」は狗邪韓国からでなく、対馬国からの五千里と考えると千里の余裕が生ずることになるが、こうした解釈が可能かどうか

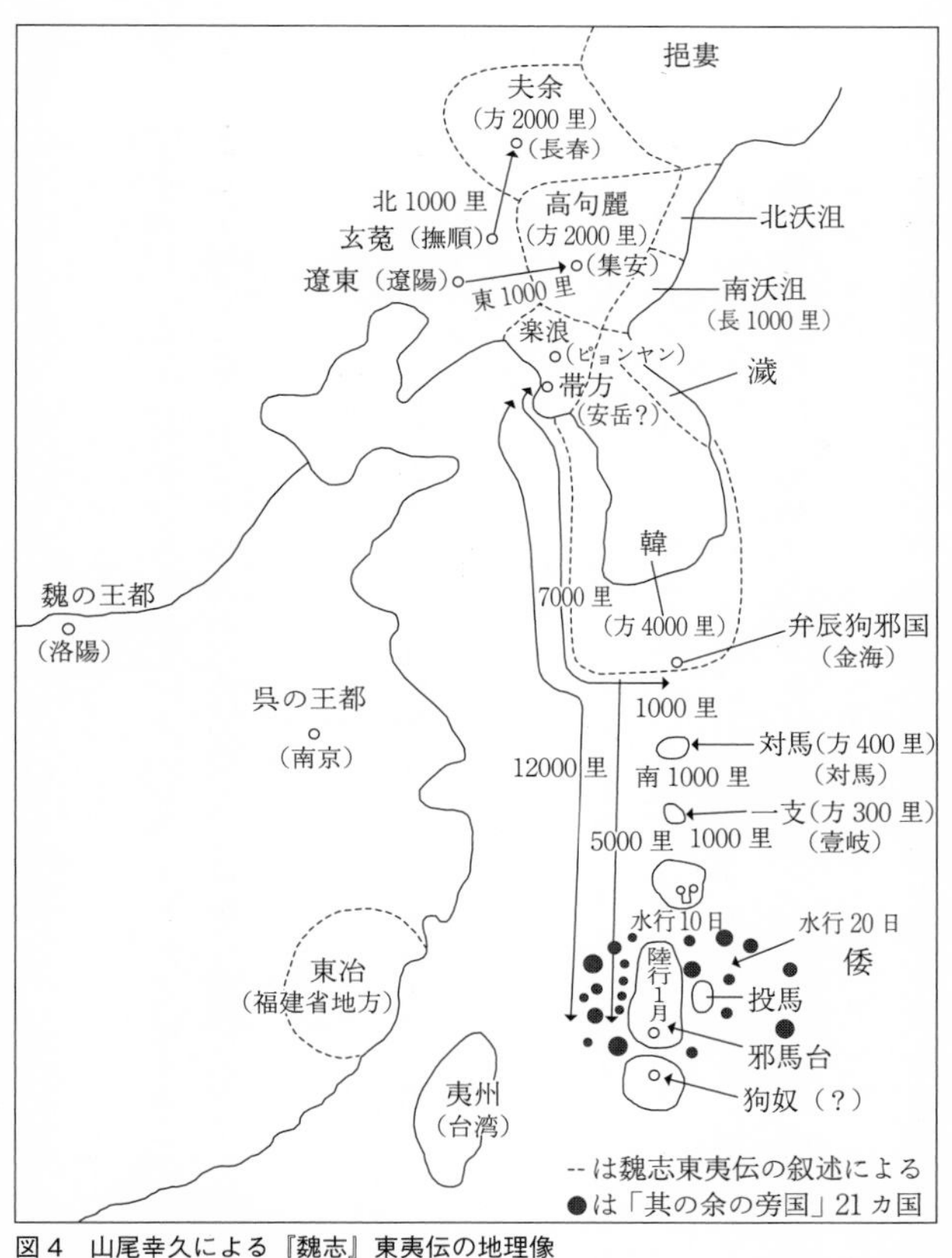

図 4　山尾幸久による『魏志』東夷伝の地理像
（山尾幸久「3 世紀の西日本」『銅鐸サミット＆シンポジウム』野洲町教育委員会、1988）

は筆者にも自信はない。

さらに注意すべきは、帯方郡から狗邪韓国を経て、各々千里の対馬―一支（壱岐）―末盧までの渡海をして北九州の北岸へ到着するのにすでに一万里を要していることになる。ここから女王国までは二千里であるから今の現実の地図を念頭におくと想像のできない地理像となる。

こうした「倭地」に対して、朝鮮半島の韓国はずいぶん大きく広いということになる。帯方郡（ソウル付近）から韓の南端の狗邪韓国まで七千里であり、帯方郡の南に展開する韓国（馬韓・辰韓・弁韓）の広さは方四千里であるから、大分その様子は「倭地」とは違って南方に広く展開している（『魏志』韓伝）。

『魏志』をみる限り、陳寿の頭にある女王国（邪馬台国）は、郡からはかなり南方（南限）にあって南北に長く、あるいは絶え、あるいは連なる海中の島々から成立している。こうした地理観は、漢代以来の中国側の地理観であろう。『魏志』倭人伝をみると、風俗記事の所で、倭の地は温暖で「有無する所、儋耳、朱崖と同じ」とあり、産物などが海南島の郡（儋耳・朱崖）と同じであるとする。『後漢書』倭伝でも「其の地、大較会稽・東冶の東に在り、朱崖・儋耳と相近し、故に其の法俗は同じきところ多し」とあって、風俗などが近似していることが記述されている。

また、『魏略』逸文（『翰苑』所引）には、「帯方より女（王）国に至る万二千余里」とのべたあと、風俗を取り上げ「男子は皆、黥（面）文（身）す。其の旧語を聞くに、自ら太伯の後と謂う」とある。黥面文身は南方の水人（海人）の風俗として有名であるが、その倭人（水人）の旧語（古い言い伝え）では、自分達は春秋時代に呉を建国した太伯の後裔であると称していたとある。太伯は古公亶父（太王）の子で周末、太王の王位継承にやぶれ、荊蛮の地（華南の地、呉越の地）に走り、そこで文身断髪して、現地で信用をえて呉王朝を建国したという人物である（『史記』周本紀、呉太伯世家）。

こうした倭人の地の地理観は、現実の日本列島の様子と全く合わない地理像であることは、まず確認しておく必要があろう。「倭地」の五千里というのは、魏晋時代の単位によると一尺が二四・二センチ、一歩は六尺、一里は三百歩であるから、一歩（六尺）は約一・四五メートル、一里は四百三十五キロメートルとなり、五千里は実際上は二千百七十五キロとなり、郡から女王国までの一万二千里は五千二百二十キロとなる。この距離は、倭地が会稽・東冶の東あたりどころか、それよりはるか南方のジャワ・スマトラ島あたりまで達するという。

このような倭人の国は、朝鮮半島からはるかに南方に展開する大国倭国という認識へつながっている。

†東夷の大国としての倭国

この点について、岡田英弘は[13]「『倭人伝』は三世紀の日本の実情を描こうとしてつくられたものでない。『倭人伝』は魏王朝の皇帝と倭人の諸国との間の政治関係の記録なのであって、倭国の方位や里数、風俗など、われわれの興味をそそる記事はそのつけたりにすぎず、陳寿をして個人的に当時の日本に特に関心をもつべき理由は全くなかった」といわれている。これは本質をつく指摘であって、岡田によれば、『倭人伝』というのは、中国皇帝と民族（倭人）がどういう政治的関係をもったかを列伝の形式で書いたものだとされている。

そうしてみると、陳寿の頭の中では、女王国たる邪馬台国は、西域の大国大月氏国（クシャン王朝）の「親魏大月氏王」と同じように「親魏倭王」という称号を授与された東夷の大国として対比される存在であった。

大月氏王波調（Vasudeva、ヴァースデーヴァ王）は魏の明帝の太和三（二二九）年に「親魏大月氏王」の称号をおくられた大国であって、[14] 卑弥呼の「親魏倭王」より十年早い。この点は岡田英弘の以下の指摘が参考となる。

倭国（女王国）が東夷の大国として幻想されたことは魏王朝が呉と倭国の接近をおそれたことに主因がある。また魏の司馬懿が公孫淵を打ちやぶったことによって、帯方郡が解放されて卑弥呼の朝貢使が帯方郡から魏の都洛陽に入ることができたこと（景初三年九月）、魏王朝でも重臣として活躍した司馬懿の功績を讃えて卑弥呼を好遇したのであろうこと、さらに晋王朝になって陳寿が女王国を邪馬台国とみて南方はるか彼方に所在する七万戸を有する大国として記述したのも司馬懿の孫司馬炎（武帝）の樹立した晋王朝の立場を考慮したものであることが指摘されている。

さらに岡田は、陳寿が郡から女王国まで一万二千里の遠方にもっていった点について、魏の重臣曹真の面子を立てた大月氏国との対比があったという。すなわち、『後漢書』西域伝によると大月氏国（クシャン王朝）の都藍氏城（カーピシー）は、魏の都洛陽を去ること一万六千三百七十里、戸数十万、口数四十万としている。一方、女王国も洛陽を起点とすると、洛陽～平壌（楽浪郡）五千里、平壌～ソウル（帯方郡）五百五十里、帯方郡～女王国は一万二千里で計一万七千五百五十里となり、ほぼ同じ遠方になるといわれている。[15]

4 行程記事の読み方をめぐって

†地理像に合わない放射線式読法

このようにみてくると、帯方郡から邪馬台国（女王国）までの行程は当然連続（直線）的に南にむかって郡→狗邪韓国→対馬→一支→末盧→伊都→奴→不弥→投馬→邪馬台国へというように考えられていたであろう。これに対して、伊都国までは連続的に考え、伊都国からは奴国、不弥国、投馬国、邪馬台国へと別々の行程と考える放射線式読法はすでにみた陳寿の「倭地」の地理像にはあわない読法であろう。

この読法を具体的にみれば、伊都国から邪馬台国まで「南、水行十日・陸行一月」とあるが、この邪馬台国を畿内ヤマトへもっていくのは方向上「南」では無理であるし、邪馬台国九州説にとっても「水行十日、陸行一月」の日数（一応、水行十日、陸行一月の四十日とみておく）はどうみても北九州の筑後国山門郡（九州説の有力な候補地）にはおちつかない。そこで「水行十日・陸行一月」を「水行ならば十日、陸行ならば一月」と並列的にみる見解は、邪馬台国九州説論者に多いが、水行十日で行ける所を陸行一月をかけて行くというのは、地理的にどのような位置づけになるのか思いつかない。また水行十日と陸行一月は並列できないアンバランスな対比で、一日の水行（船行）の時間と陸行（徒歩）の時間とは、ほぼ同じくらいのものと考えられている[16]。

また水行二十日の投馬国を水行十日の邪馬台国と対比すれば、投馬国は邪馬台国より二倍の南方に位置するということになる。これは、『倭人伝』に投馬国は女王国（邪馬台国）より以北にある国と認定されるので無理な見解ということになる。

連続的読法の正統性

連続的読法は、中国人の正統的な読み方であろう。後代の史書になる『梁書（りょうしょ）』倭伝（唐代、姚思廉）をみると、伊都国以降も「又東南行百里至奴国、又東行百里至不弥国、又南水行二十日至投馬国、又南水行十日陸行一月日至邪馬台国」というように「又〜又」で連続的に結ばれている。これはそのあとの『北史』倭国伝（唐代、李延寿）でも「又〜又」と『梁書』と同じであり、さらに類書『太平御覧』[17]所引の「魏志」倭人伝や『冊府元亀（さっぷげんき）』[18]所引の「倭国伝」も「又〜又」で全く同じである。

この点について榎一雄[19]は「魏使の行程を順次直線式に改めたのは梁代で、梁代には倭国の首都が大和に在ることが知られ、帯方郡からそこに行くには魏志倭人伝に列挙せられている地名をその順序で結んで行くことが必要であるとした結果であろう」として、「又〜又」「又〜又」で結ばれた直線式読法は、梁代（六世紀前半）に通行本の『魏志』倭人伝が変改された結果であるとしている。

右の「変改」の理由がはたして梁代になってからの倭国の首都の変更であるとするのは俄には肯定できないが、「又〜又」の記述が『梁書』以降のものであることは確かで、これは中国人の通行本『魏志』倭人伝の行程記事を連続的・直線式に読むことが一般的で正統であったことの証明になるのではなかろうか。

注

（1）『梁書』倭伝、『北史』倭国伝には「一支」につくる。壱岐島のこと。
（2）佐伯有清『魏志倭人伝を読む　上』八〇ページ。
（3）喜田貞吉「漢籍に見たる倭人記事の解釈」（「歴史地理」三〇の三〜六、大正六（一九一七）年。
（4）喜田の後の論稿では、但馬（たじま）となっている。「倭奴国および邪馬台国に関する誤解」（「考古学雑誌」二〇〜二三、一九三〇年、のち『喜田貞吉著作集3巻』所収、平凡社、一九八一年）。

(5) 前掲(4)に同じ。
(6) この大著の前身は、『東洋史上より見たる日本上古史研究』一九三二(昭和七)年。本書は、東洋文庫刊、一九五六年。本書の第一篇の「邪馬台国論考」は、橋本増吉著・佐伯有清解説『邪馬台国論考1~3』平凡社(東洋文庫)、一九九七年に刊行されて便利となった。
(7) 橋本増吉『邪馬台国論考1』七五、七六ページ。
(8) 橋本増吉『邪馬台国論考1』八七、八八ページ。
(9) 橋本増吉『邪馬台国論考1』二六六、二六七ページ。
(10) 白鳥庫吉「卑弥呼問題の解決」(「オリエンタリカ」一〇二、一九四八年)。
(11) 橋本増吉『改訂・増補 東洋史上より見たる日本上古史研究』第二編の4、東洋文庫、一九五六年。
(12) 上妻・下妻郡は、本来は八女(やめ)国で、「かみつやめ」「しもつやめ」と訓(よ)むのが古い訓みである。佐伯有清『魏志倭人伝を読む 上』六九~七〇ページ。『日本古代史地名事典』雄山閣、二〇〇七年。
(13) 岡田英弘『日本史の誕生』一七ページ、弓立社、一九九四年。
(14) 『魏志』巻三、明帝紀、太和三年十二月条。
(15) 岡田英弘『倭国』中公新書、一九七七年。同『日本史の誕生』。
(16) 山尾幸久『新版 魏志倭人伝』一〇七ページ。
(17) 巻九五七、外臣部、国邑(こくゆう)一。
(18) 巻七八二、四夷部三、倭。
(19) 榎一雄「太平御覧に引く三国志」(『榎一雄著作集第8巻 邪馬台国』汲古書院、一九九二年)。

第五章　女王国と邪馬台国の併存

1 行程記事にみる女王国・邪馬台国の分離と史料的根拠

†史料的根拠①――『翰苑』所収の『魏略』

こうしてみてくると、陳寿の記述した行程記事を素直に読めば、邪馬台国（女王国）は実際は畿内説にも九州説にもどちらにも当てはまらない行程表であった。陳寿のもとには邪馬台国（女王国）に至る正確な行程史料はなかったものと思われる。いわば陳寿の机上には複数の行程史料が混在していたものと思われる。

そこで所在地論争の切り口として考えうるのは、伝聞史料である日数記事と里数記事との分離である。日数記事と里数記事の分離とは邪馬台国と女王国の分離である。陳寿は「南至邪馬台国、女王之所都」の一文によって、女王国と邪馬台国とを同一の国と考えていたことがわかる。以下、このことが成り立つか、まず史料的に考えてみたい。

この点ではすでに研究史のところでも取り上げた橋本増吉の『翰苑』所収の『魏略』逸文（一二〇頁参照）の分析が注目される。

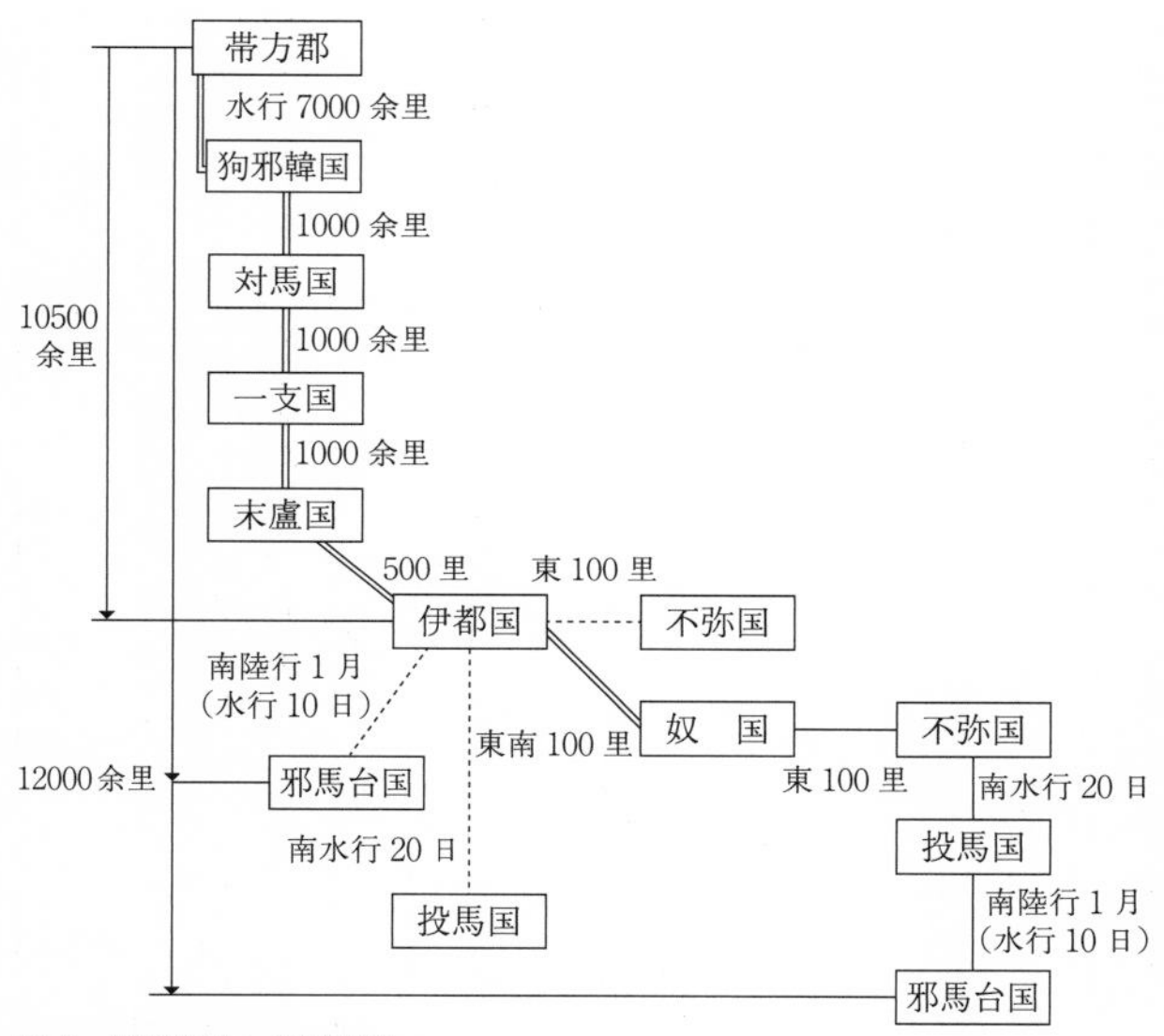

図５　邪馬台国への里程図
歴史学研究会編『日本史史料Ｉ ―― 古代』（岩波書店 2005 年）より。
破線は放射線式読法による。

『魏略』は魚豢の著作で、その成立年代は晋の咸熙二（二六五）年頃、あるいは二七〇年代（晋の泰始六年〜）、あるいは晋の武帝の太康年間（二八〇〜二九〇）とするなど諸説があるが、それと『魏志』との関係は『魏略』→『魏志』という親子関係とするのが一般的であるが、近年では、魏書┬魏略／└魏志　あるいは、×┬魏略／└魏志　という兄弟関係[1]とみる意見も強い。

橋本は、この『魏略』と『魏志』との違いの説明で、『魏

『魏略』逸文

〔『翰苑』巻三〇〕従帯方至倭、循海岸水行、歴韓国(乍南乍東)、到(其北岸)拘邪韓国七千里、始度一海千余里、至対馬国、其大官曰卑狗、副曰卑奴(母離、所居絶島、方可四百余里、土地山険、多深林、道路如禽鹿径、有千余戸)、無良田、(食海物自活、乗船)南北市糴。(又)南度(一)海(千余里、名曰瀚海)、至一支国、置官、与対(馬)同、地方三百里、(多竹木叢林、有三千許家、差有田地、耕田猶不足食、亦南北市糴)。又度(一)海千余里、至末盧国(有四千余戸、浜山海居、草木茂盛、行不見前人)、人善捕魚、能浮没水取之。東南(陸行)五百里、到伊都国、戸万余、置曰爾支、副曰洩渓觚・柄渠觚、其国王皆属女王也。(括弧内は『魏志』によって補う)

女王之南、又有狗奴国、以男子為王、其官曰拘右智卑狗、不属女王也。自帯方至女(王)国万二千余里、其俗男子皆点而文、聞其旧語、自謂太伯之後、昔夏后小康之子、封於会稽、断髪文身、以避蛟竜之害、今倭人亦文身、以厭水害也。(同前)

『広志』逸文『翰苑』所引

倭国東南陸行五百里、到伊都国、又南至邪馬台国、自女(王)国以北、其戸数道里、可得略載、次斯馬国、次已百支国、次伊邪国、案倭西南海行一日、有伊邪分(久か)国、無布帛、以革為衣、蓋伊耶国也。

『魏略』逸文と『広志』逸文
岩波文庫『新訂　魏志倭人伝他三篇』の参考原文。圏点は訂正した文字。

略』本文が「其国王皆属女王也」の文句をもって一段落をなして終わっている事実を重視する。すなわち、伊都国の到達のところで切れている。これに対応する『魏志』の本文では、対馬より伊都までの記載法は、各々その国々の性質・特徴について略載しているが（例えば対馬国では船に乗りて南北に市糴すというような記述）、次の奴国より邪馬台国に至るまでの記載法はただその行程と官名と戸数だけで、その国々の特徴については何ら記すところがなく、その間に明白なる記載法の相違が認められることから、伊都国までの文と奴国以下の文とはその出所を異にすることが考えられるという。

また橋本は、『翰苑』所収の『広志』（晋の郭義恭）の逸文を取り上げる。そこでは、「邪届（馬）、伊都傍、連斯馬」という張楚金の題目（見出）の下に『広志』が引用されている。『広志』では「倭国東南陸行五百里、到伊都国」と記し、その後すぐに「又南至邪馬台国」として、奴、不弥、投馬国には何ら触れるところがないのは、『翰苑』撰者の採択法（張楚金の取り上げた題目・見出し）に一致するものであるという。橋本は結論として、『魏志』とは異なり、邪馬台国をもって伊都国の傍となすことの認識が『広志』のみならず『魏略』にもあったのではあるまいかとされている。

結局、『魏略』本文については、「翰苑によりて知らるゝ所では、魏志の本文に比すれば比較的簡略で、伊都国より邪馬台国の行程についても、殆ど記すところがなかった[2]」ということになる。

†史料的根拠②――『広志』

筆者も、橋本が『魏略』本文では伊都国で一段落が終わり、次の伊都国より邪馬台国への行程についてほとんど記すところがなかったとしている点は重要であると考える。ただ、橋本は九州論者であったから、投馬国や邪馬台国の記述が『魏略』本文にあったとしているが、筆者は女王国の記述はあったが、投馬国・邪馬台国の記述はなかったのではないかと推測する。『翰苑』の「百二十二、文身黥面、猶称太伯之苗」の題目（正文）の下には、女王国の南に狗奴国有り、帯方郡から女王国まで一万二千里とする『魏略』の逸文が引用されている。

そして、これも橋本が指摘したことであるが、『翰苑』の張楚金のあげている「百二十五、邪届（馬）、伊都傍、連斯馬」の題目（見出し）の下に『広志』が引用されていて、そこには「倭国の東南、陸行五百里、伊都国に到る、又南邪馬台国に至る、女［王］国より以北、其の戸数道里を略載すべきも、次に斯馬国……」とあるように、『翰苑』の撰者張楚金は、『魏志』の伊都国以下、奴・不弥・投馬国などの記述は引用することなく、『広志』によって伝えられるように伊都国と邪馬台国の傍国であることを認めている。これは『魏略』の記事でも『魏志』と異なり、同時に『広志』にみるがごとく、邪馬台国と伊都国の傍国なることを記せし記載が存在したことを示すものでないかとしている。(3)

筆者も伊都国のすぐ南の傍に邪馬台国があったとする『広志』の記述は重要であると考えるが、「邪馬台国に至る」のあとすぐに「女王国より以北……」と記述が続いている点は、邪馬台国＝女王国とみていることになる。これは、邪馬台国を女王国とみている点では『魏志』の陳寿と共通する認識であるが、女王国（邪馬台国）が伊都国のすぐ南の傍国とする点では『魏志』と全く異なっている。

この『広志』（晋の郭義恭撰）については、二六〇〜二八〇年代の成立で、『魏志』より若干さかのぼるとする榎一雄の見解もあるが、橋本は『広志』の編纂は『魏略』『魏志』以後であろうとしており、池田温によると、『広志』は『魏略』を参照しており、史書というより類書であるといわれている。(4)(5)(6)

筆者には判断がむずかしいが、邪馬台国を女王国とみている点では『魏略』と違っているが（『魏志』を参照したか、『魏志』と同じ系統の史料をみたかもしれない）、伊都国が到達点となっている点では『魏略』に類似している。問題は残るが、伊都国のすぐ南に女王国があったとする認識が『広志』によって伝えられていたであろう点を重視したい。

まとめをしておくと、『魏略』や『広志』から推測されるのは、郡から女王国までは一万二千余里であって、そこへは郡→対馬→一支→末盧→伊都国までの経路であり、その到達点が伊都国で、南、伊都国の「傍」（かたわら）に女王国があった。さらにその南には男王の国である狗奴国があったとする行程史料があった。その史料には伊都国（もしくは不弥国）から投馬国、邪馬台国の記述はなかったものと思われる。いわば、魏に遣使（けんし）した倭国の女王卑弥呼や壹与の女王国の存在がクローズアップされていたわけで、それは伊都国の南、傍（かたわら）の国ということで、北九州にあったことは明らかである。

2 投馬国はどこか？

†日本海ルートと投馬国＝出雲説

そこで、日数行程の投馬国と邪馬台国の問題に移ろう。

『隋書』倭国伝には「夷人は里数を知らず、但だ計るに日を以ってす」とあるように、里数は中国人の距離観であり、日数は倭人の距離観である。したがって、投馬国までの水行二十日、邪馬台国までの水行十日、陸行一月は明らかに倭人からの伝聞記事である。それが伝聞記事となったのは、「郡使の往来、常に駐る所」（『魏志』倭人伝）とある伊都国からみて投馬・邪馬台国が「遠絶の国」（倭人伝）であったためであろう。伊都国での郡使の伝聞が推測される。とすれば、実際上は邪馬台国は畿内ヤマトであったと断定できよう。

その場合、通過点である投馬国が問題となる。どのようなルートで投馬国から邪馬台国にむかうのか。A瀬戸内海ルートなのか、B日本海ルートなのかである。Aルートでは投馬国は、周防国佐婆郡玉祖郷（山口県防府市佐波）説が有力であったが、備後国鞆の津（広島県福山市）もあり一定していない。この場合、邪馬台国への「水行十日、陸行一月」が問題となる。これを「水行ならば十日、陸行ならば一月」と並列的に解釈することはできない。これは先にのべた。したがって、「水行十日して、さらに陸行一月」と解するのが妥当な解釈である。

だが一方、これに対して謝銘仁(7)の見解は興味深い。謝は「この日程記事は、先に水路を『十日』行ってから、引続いて、陸路を『一月』急いだという意味ではない。地勢によって沿海水行したり、山谷を乗越えたり、川や沼地を渡ったり、陸地を行ったり、水行に陸行、陸行に水行をくり返したという意味である」とのべている。これは、「水行十日、陸行一月、あわせて四十日」という意味であろう。これだと日本列島の複雑な地勢を考えると納得しうる行程読法ではないかと思う。しかし、前者の「水行十日して、さらに陸行一月」にしろ、後者の「水行、陸行あわせて四十日」と考えるにしろ、(A)瀬戸内ルートでは投馬国から邪馬台国への行程がうまく処理できない。邪馬台国へは瀬戸内ルートを使えば、難波津（大阪湾）まで水行するのが常識で、「陸行一月」はうまく解けない。

橋本増吉は、[8]『魏志』の記載は、畿内大和を中心とするヤマト朝廷による大統一的国家がいまだ完成しない以前の事実を示しているとみられるから、当時瀬戸内海路は種々の政治的事情によりかならずしも自由な通路として航行することができなかったため、山陰沿岸に沿って日本海ルートを航路として利用したとして、投馬国を出雲に比定した。そして橋本は、出雲から敦賀（福井県南部）に至りて上陸し、それより大和に向かった行路が利用されたとした。これは(B)日本海ルートを想定する者の一般的見解であろう。また橋本のいう種々の政治的事情として、例えば女王国に統属していない吉備地方の勢力があったと考えることもできる。

†出雲説を補強する音韻学と考古学

邪馬台国の政治的位置については後述するが、投馬国や邪馬台国は九州の女王国・伊都国からみて遠く隔たった「旁国」(辺境の国々)であったので、微妙な政治的位置にあったものの、「今、使訳通ずる所三十国」の一員であり、女王国＝倭国の統属圏内に入っている国々であった。

投馬＝出雲説に関して、『太平御覧』[9]所引「魏志」には投馬国のみ「至二於投馬国一」とあって上に「於」が付せられている。この点について末松保和[10]は、国名の一字としてとらえた。すなわち、「於」が助詞の「に」ではないことは、他の国名の上には「於」が一つもついていないことを指摘して、「於」の古音に〝ウ〟(wu)、〝イオ〟(i wo)〝エ〟(ö)などがあるから投馬国＝於投馬国は「エトモ」もしくは「イヅモ」に近づくことになるとして、投馬国を出雲の地に比定した[11]。こうした音韻学について、筆者は不案内なのでよくわからない点があるが、一応興味深い見解なのであげておきたい。

投馬国の出雲説は、考古学の発見によって有力説となってきた。

文献的には、『古事記』『日本書紀』の神代の世界では出雲国は重要な位置を占め、その比重は大きい。特に大和朝廷の始源である高天原の天神（アマツカミ）に出雲の大穴持命（のち大国主命）が国譲りをする神話、それは大国主命の領土である出雲国を譲るのでなく、大穴持命（大国主命）がスサノヲ尊（根の国の大神）からうけついだ葦原中国（日本の国の全体）の統治権を天神―天孫に譲渡するという構図になっている。葦原中国とは具体的には倭（大和）、出雲、日向、越、信濃などである。そして、国譲りをうけた天孫（ニニギ尊）は、高天原から日向の高千穂に天降ることになる。

こうした国譲り神話の主体者であった出雲は、日本海沿岸の辺境地帯のイメージが強かった。いわば出雲は国譲り神話の主体者であるにもかかわらず、それを証明する歴史的事実はみられず、大方は後代の反映論（とくに六世紀代の出雲の国造制の反映論）で片づけられてきた。

なお、ここでは詳述できないが、出雲大社の創設も、邪馬台国（畿内ヤマトの）―ヤマト政権と投馬国―出雲国との日本海ルートにおける交渉史のなかで考えることができる。

3　投馬国＝出雲説の重要性

出雲の大量の銅鐸と大型墳丘墓

一九八四年に荒神谷遺跡（簸川郡斐川町、現出雲市）から三百五十八本の銅剣（ほとんどが五十センチ前後のもの）と少し離れた場所から六個の銅鐸（古い形式のもの、鳴らす銅鐸）と銅矛十六本が出土した。北九州との関係性が認められている。さらに一九九六年にはすぐ近くの加茂岩倉遺跡（雲南市加茂町）から三十九個の大量の銅鐸が出土した。銅鐸はふつう単独で出土するのがほとんどで、一挙に三十九個の数は、今まで一番多い出土地であった大岩山遺跡（滋賀県野洲町、現野洲市）の二十四個を上廻る多量の出土であった。同範銅鐸から近畿地方との関連性も指摘されている[12]。

こうした大量の青銅器の埋納は、(イ)緊急事態に際しての隠匿されたもの。(ロ)他国に配布するための備蓄的な埋納、(ハ)神事（祭祀）用（例えば地母神信仰）としての埋納などが考えられるが、考古学者の間では出雲で製作されたものとして、出雲の主体性を認めている。とすれば(ハ)を基本として弥生時代中期〜後期の銅剣・銅鐸から古墳時代の祭器としての鏡への変化に注目したい。

重要なのは、銅鐸は記・紀の文献には全く現れていない、古代的世界から全く消失された祭器ということである。のちの文献では正史『続日本紀』の和銅六（七一三）年にはじめて銅鐸のことがみえ、大倭国宇太郡の地から出土して、それは高さ五尺五寸であったとある。また『扶桑略記』（皇円撰、平安末期）には天智七（六六八）年に近江国で掘り出された銅鐸は「奇異の宝鐸」と記されて、高さ五尺五寸であったとしている。銅鐸が地中から出土する珍奇な宝物として献上されたことが知られる。

近年、出雲で注目されているのは、独特な墳形をもつ四隅突出型墳丘墓である。方形墓の四隅から帯状の突出部をもつヒトデ形の独特な形をしている弥生墳丘墓である。

これは、弥生時代中期後葉から後期後葉にかけて山陰・隠岐から北陸にかけて展開している点で注目される。その分布の中心地は出雲である。

(1)出雲西部（島根県出雲市）――西谷三号墓、西谷九号墓、西谷四号墓、西谷二号墓
(2)出雲東部（島根県安来市）――塩津山十号墓、塩津山六号墓、安養寺三号墓
(3)因幡（鳥取市）――西桂見墓

右にあげたのは大型墓であるが、このうち西谷三号、同九号と西桂見墓は長辺五十メー

トルにおよぶ超大型墓である。これらは弥生時代後期後葉時代のものであるという。[13]

重要なのは、出雲国でも西部の出雲市の西谷墳丘墓群が中心地で、その規模において他の地域を圧倒している点、そしてこの西部は記・紀の出雲神話(大穴持神・大国主神)の世界(舞台)であるという点である。

こうした大型の墳丘墓の出現分布から、出雲王国論、原出雲国家論も提示されているが、一方、[14]統一的な上位権力があったようなあり方をしておらず、同盟的な関係であるとする見解もあって今後の議論にまちたい。

出雲の盛衰

ところで出雲は古墳時代に入って凋落する。他地域にくらべて前方後円墳の継続的な展開はみられず、方墳や円墳、さらに前方後方墳などがみられるが、大型のものはない。大型古墳が築造されるのはおそく六世紀の中頃である。出雲の西部では全長九一メートルの前方後円墳である大念寺古墳(出雲市)が現れ、これに対抗するように出雲東部(松江市)には、全長九四メートルの前方後方墳である山代二子塚古墳がみられる。これを出雲西部の杵築(キヅキ)勢力と東部の意宇(オウ)勢力との国造をめぐる争いとみる見解は強い。

こうしてみてくると、考古学的には、畿内ヤマトを中心としたヤマト政権の伸長する古墳時代は出雲の国にはみるべきものがなく、二、三世紀の女王国―邪馬台国の時代こそ、すなわち弥生青銅器文化（銅剣、銅鐸）や弥生墳丘墓の四隅突出型墳丘墓の展開した時代こそ出雲神代の「国譲り神話」の背景を考える上で重要なのであろう。ただ、この点は今後の課題として、今は『魏志』倭人伝に現れる五万戸の大国投馬国こそ出雲の地にふさわしいことを確認しておきたい。

大和の邪馬台国の通過点・投馬国を出雲に比定した場合、そこから「水行十日、陸行一月」でヤマトに入るルートは、福井県の敦賀（つるが）湾から琵琶湖―木津川などを利用して行くルート、あるいは丹波（たには）（丹後半島）から内陸部の諸河川を利用しながら大和に入るルートが考えられる。

4　陳寿による行程記事の史料操作

†北九州のヤマト国

以上、「水行十日、陸行一月」の「一月」が動かないとすると瀬戸内ルートよりも日本海ルートを経て畿内ヤマトの邪馬台国に入る行程を考える方がよいであろう。ただし、「一月」は伝聞として誇張されているように思われる。「一月」は畿内説にとっても難解な数字である。

こうしてみてくると、陳寿の机上には少なくともA・B二つの別々の行程史料があったのではないか。

A　郡→対馬→一支→末盧→伊都→女王国—狗奴国

B　郡→対馬→一支→末盧→伊都→奴→不弥→投馬→邪馬台国

Aは郡から北九州の女王国までの一万二千里の里数であり、郡から伊都国まで一万五百里となるから、伊都国から女王国までは南千五百里となる。そして女王国の南に対立する狗奴国があった。一方、Bは伊都国まではAと同じであるが、そのあと奴国→不弥国を経て、投馬国→邪馬台国までの日数距離の史料である。その場合、『隋書』倭国伝に「夷人不知里数、但計以日」とあるように不弥国から投馬国→邪馬台国は異質の伝聞史料が入っている。

なお、伊都国までの行程史料はA、Bとも共通している。伊都国は「郡使往来常所ㇾ駐」であったから、後漢朝以来、ここまでの行程はしっかりした認識があったであろう。

さて、Aの行程史料は魏使が実際に向かったルートであろう。それは、すでにみたように伊都国（糸島半島、糸島市）からすぐ南の傍の国であった女王国へという『広志』などの史料からの想定になるが、その女王国は国の名としては、伊都国から南千五百里の地点、すなわち北九州の「ヤマト国」（筑後国山門郡山門郷）とみるのが妥当な線であろう。

伊都国から女王国への道は、内陸部を直接南下して笠之峠を越えて佐賀に出て、筑後川流域を中心とした山門郡山門郷（ヤマト国）へ行くのが最短の距離であった。[15] 奴国→不弥国を経て女王国（ヤマト国）へ向かうのは行程上無理なルートである。

Bの行程史料は、魏使が向かったルートではない。Bのそれは、奴→不弥を経て、日本海ルートで投馬（出雲）→邪馬台国（畿内ヤマト）へ向かうルートで、一般的に交通路として使われたルートであろう。この場合、奴国は福岡市那珂川流域、博多あたりであり、不弥国は比定が一定していないが、応神天皇誕生の地（『古事記』仲哀天皇の段）とされる福岡県糟屋郡宇美町、あるいは宗像郡津屋崎（現福津市）だとする。航海神、海人に関係の深い国々である。後述するように奴国と不弥国は卑弥呼を共立した女王国連合体を構成する国として欠かせない。

†邪馬台国＝女王国という操作

陳寿にとって、関心があったのは魏に朝貢した卑弥呼や壹与の女王国であった。しかし、女王国というだけではその場所はわからない。普通名詞である女王国とは、いったいどこの国なのか、すなわち国の名前が問題である。

陳寿の『魏志』倭人伝にみえる「南至邪馬台国、女王之所〻都」の一文は「女王国」は「邪馬台国」であるという陳寿の想定を示すものである。

どうして陳寿はそう考えたのか。

陳寿の地理観では、女王国は郡から南方、一万二千余里の地点にあって、それは南北に長く展開する「倭地」の南限にあった。したがって陳寿はBの行程史料の最終到着国であるる邪馬台国をAの女王国とイコールで結んだのである。それが『魏志』の「南至邪馬台国、女王所〻都」の一文となったのであり、それは陳寿による史料の一つの〝操作〟であったと考えるべきであろう。

以上、この章では『魏志』倭人伝の日数記事と里数記事の異質性から出発して、里数記事で示された国々や女王国と日数記事で示された投馬国・邪馬台国の分離、また、その史料的根拠を示し、女王国のヤマト国と畿内ヤマトの邪馬台国（ヤマト国）の二つの別個のヤマト国の併存を指摘した。以下、女王国と邪馬台国の二つのヤマト国の性格の問題に進んでいきたい。

注

(1) 山尾幸久『新版　魏志倭人伝』四九ページ。榎一雄「魏志倭人伝とその周辺(1)」（『榎一雄著作集第8巻　邪馬台国』二四ページ）。平野邦雄『邪馬台国の原像』一六ページ。
(2) 橋本増吉『邪馬台国論考1』一八七ページ。
(3) 橋本増吉『邪馬台国論考1』一八七〜一八八ページ。
(4) 榎一雄「魏志倭人伝とその周辺――テキストを検討する――2回」（『榎一雄著作集第8巻　邪馬台国』所収）。
(5) 橋本増吉『邪馬台国論考1』一八三ページ。
(6) 池田温「東洋学からみた『魏志』倭人伝」（平野邦雄編『古代を考える――邪馬台国』所収、吉川弘文館、一九九八年）。
(7) 謝銘仁「邪馬台国、中国人はこう読む」（榎一雄『榎一雄著作集第8巻　邪馬台国』五三四ページからの引用、筆者未見）。

（8）橋本増吉『邪馬台国論考1』一一三ページ。
（9）巻七八二、東夷三の倭条。
（10）末松保和『上代史管見』四三ページ。
（11）佐伯有清『研究史　邪馬台国』二一三ページ。
（12）松本岩雄「出雲の青銅器」（古代出雲王国の里推進協議会編『出雲の考古学と「出雲風土記」』学生社、二〇〇六年）。
（13）渡辺貞幸「四隅突出型墳丘墓から古墳へ」（『出雲の考古学と「出雲風土記」』所収）。
（14）渡辺貞幸、前掲（13）に同じ。
（15）橋本増吉『邪馬台国論考1』一八八ページ。

第六章

女王国と邪馬台国の性格

1　女王国（ヤマト国）の伝統性と連合体論

†卑弥呼は「倭国王」だった

女王国は『魏略』や『広志』から知られるところでは、伊都国の南の傍国（かたわらのくに）であった。地名では、一般的にいわれているヤマトの地、筑後国山門郡山門郷（福岡県山門郡瀬高町、現みやま市瀬高町）、肥後国菊池郡山門郷（熊本県菊池市）あたりであったろう。河川でいえば、筑後国南西部の矢部川下流域と菊池川流域が中心地であったと推定したい(1)。

女王国とは卑弥呼を王とする国である。ただ、卑弥呼は倭王、倭女王と中国側からはよばれている。『魏志』倭人伝では「其の国、本亦男子を以て王と為し、住ること七、八十年、倭国乱れ相攻伐すること歴年、乃ち共に一女子を立てて、王と為す。名づけて卑弥呼と曰う」とあって、卑弥呼は倭国の乱によって、倭国の王として共立されている。傍点の「其の国」を邪馬台国、女王国、倭国、倭人の国とする説が種々提出されているが、後漢の建武中元二（五七）年の倭奴国の朝貢、安帝の永初元（一〇七）年の倭国王帥升等の朝貢

（『後漢書』倭伝）の流れの中から卑弥呼の「共立」も生まれてきており、少なくとも倭国王帥升の段階では「倭国王」というものが成立していた。したがって「其の国」はすでに説かれているように倭国をさすとするのがよいだろう。[2]

この点について、西嶋定生（さだお）[3]は明確に「女王卑弥呼は邪馬台国の女王でなくて『倭国王』であり、邪馬台国はその都であった」と言い切っている。

女王国という呼称は、『魏志』倭人伝をみると矛盾したような言い方になっている。例えば「女王国より以北、其の戸数道里を略載すべきも」とか、「女王国より以北に特に一大率を置き」というとき、その女王国は『魏志』の邪馬台国と同一と理解されている。しかし女王卑弥呼は西嶋のいうように邪馬台国の女王であったのでなくして、倭国の女王として共立され、都（みやこ）を邪馬台国に置いただけというようにも解釈できる。よく引かれているように三韓（馬韓・辰韓・弁韓）の王であった辰王は馬韓の諸国のうちの月氏国に都をおいていた（『魏志』馬韓伝、『後漢書』韓伝）。そうしてみると、邪馬台国を女王国とするのは、おかしい気もする。

これに対して、平野邦雄[4]は、邪馬台国九州説の立場からであるが「邪馬台国の『女王』（ないし男王）が、倭国の女王（または倭国の王）になることが、諸国によって了解されていたからであろう。だから女王は邪馬台国の王でもあったのである」と解釈している。この点、同じく邪馬台国北九州説に立つ井上光貞[5]も邪馬台国を宗主国とする北九州沿岸諸国との邪馬台国連合体（政治的統合体）を構想していた。宗主国の卑弥呼は邪馬台国連合の王、すなわち倭国の王となったとする理解である。

この場合、ヒメ―ヒコ制の立場に立つと、卑弥呼を宗主国の邪馬台国の王と考えなくともよい。ヒメ―ヒコのヒコ（男弟）が邪馬台国の王であったと考えてもよい。二重主権の一方のヒメであった卑弥呼が倭国の王として共立されたという解釈も成り立つ。

†女王国と邪馬台国は別個の国

筆者はすでにのべたように女王国と邪馬台国を別個の国として分離し、『魏志』にみる邪馬台国は畿内のヤマト（大和）であり、一方の女王国は北九州のヤマト国であると考えている。そう考えることによって、二、三世紀の日本列島の国家形成史が多元的かつ動的にとらえられると思う。

すなわち、平野・井上両説の連合体（結合体）論を取り入れてまとめると、宗主国であるヤマト国（女王国）を中心にして北の対馬、一支、末盧、伊都、奴、不弥の北九州沿岸七カ国の連合体が、ヤマト国の卑弥呼（ヒメ―ヒコ制のヒメ）を盟主として共立した連合体の政治体制が考えられる。

そこで、(1)女王国を盟主とした七カ国連合体と、(2)日数記事で示された出雲と畿内ヤマトの投馬国と邪馬台国、それに(3)小国の二十一カ国の関連性が問題となる。

筆者は、すでにのべたように（第四章参照）、「(A)自女王国以北、其戸数・道里、可得略載、其余旁国遠絶、不可得詳。(B)次有斯馬国、次有已百支国……」の記述で、(B)以下の二十一カ国の小国と(A)の「其余旁国」を別のものとして切り離した。その理由は、(A)の「旁国」を「辺境の国」と解し、[6]投馬国と邪馬台国は「旁国」で「遠絶」（遠く隔たった）の地であったので、詳らかにできなかったと解する。すなわち、投馬国と邪馬台国は戸数は「可」（ばかり）と推定がつき、「道里」（里数）ではなく日数で示されていた。いわば、「旁国」である投馬と邪馬台の二国は、戸数・里数を略載できた対馬以下不弥国の六カ国とも違っていた。

この点に関して、「旁国」を「次……」以下の二十一カ国をさすもので、「近隣の国」「近傍の国」と解して、邪馬台国へ至る経路の道順に沿う「脇の国々」とみなす説も従来多かった。しかし、そう解すべき理由は倭人伝の記事上根拠はなくなった。実際問題として、二十一ヵ国の戸数・道里を詳(つまび)らかに記載することは不自然なことであるし、またその必要性もなかったであろう。

この斯馬国以下二十一ヵ国をあげたあとで「此(こ)れ女王の境界の尽くる所なり」とあって、二十一ヵ国は女王の統属下にあった小国を列挙したものであった。そして、これらの小国は、北九州の女王国（ヤマト国）の盟主であった卑弥呼の下に統属された国々であったから筑紫（九州）を中心にして考えるべきであろう。(7)この場合、「統属」とは、女王卑弥呼における倭国の王権の外交権・対外的交易権の分け前に与(あずか)ることであって、女王の国家的な権力体制の下に組みこまれていたということではないだろう。

†「使訳通ずる所の三十カ国」とは何か

問題は、邪馬台国と投馬国であるが、これらの国が倭人伝の冒頭部分にでてくる「今使訳所レ通三十国」とある三十カ国の中に含まれているということである。いわば、今（魏のとき）、帯方郡―魏に使訳（使者と通訳）を通じている、すなわち朝貢している国々のメンバーであるということである。倭人伝をみると、対馬、一支、末盧、伊都、奴、不弥、投馬、邪馬台国の行程経路国の八ヵ国と小国の二十一ヵ国、合わせて二十九ヵ国となり一ヵ

国が足りない。そこで狗邪韓国を加えて三十カ国とするのが一般的であろう。(8)

確かに倭人伝をみる限り、狗邪韓国については、「其の北岸、狗邪韓国に到る」とあって、「其の」は「倭国の北岸」と解せられるので、倭の権益の及んでいる国として数えられたものかもしれない。したがって、表面的にはそれですまされそうな気もする。しかし、狗邪韓国はあくまで〝韓国〟で、弁韓の中の一国弁辰狗邪国（加羅、金官）であるから倭人の国の中に加えることは実際上ありえない。

筆者はすでにのべたように、①対馬、一支、末盧、伊都、奴、不弥、ヤマト（女王国）国の北九州沿岸の七国の連合構成体、②北九州からみて「遠絶」にして「旁国」の大国であった投馬国と邪馬台国、③小国二十一カ国の三つの政治地理の区分を提示した。今までの見方と違うのは、女王国（ヤマト国）と邪馬台国を分離し、別個の国としたため、狗邪韓国を除外してもちょうど三十カ国となる。

問題なのは、どうしてこれらの国々が「使訳通ずる所」、すなわち朝貢した国々としてあげられているのかである。一つ考えられるのは、魏に実際に朝貢したのは女王国だけで、三十カ国は朝貢名簿を一まとめにもっていったものとする説、あるいは三十カ国は帯方郡には通交したので、その国名が知られるようになったものだとする説もある。(9)

実際、どちらもありうると思われるが、筆者としては、帯方郡との往来（通交）を重視したい。『魏志』倭人伝には「王、使いを遣わし、京都（魏の都）、帯方郡、諸韓国に詣り、及び［帯方］郡の倭国に使いするや……」とあるように、外交関係のみでなく、交易を通じての郡や韓国との関係の深さが注目される。『魏志』韓伝（弁辰条）には、弁辰国内では鉄を産出し、韓・濊・倭がみな競ってこれを求めて交易し、帯方郡・楽浪郡にも鉄を供給したとある。また、弁辰十二ヵ国のうちの「瀆盧国は倭と界を接す」とあり、『後漢書』韓伝にも馬韓は「其の北は楽浪と、南は倭と接す」とあり、弁辰は「其の南は亦、倭と接す」とある。さらに『魏志』倭人伝には、すでにみたように狗邪韓国を「其の（倭の）北岸狗邪韓国」と表現しているし、対馬・一支では米が耕田するに足らないため、「南北に市糴」していたとある。

これらを総合的に判断すると、倭人集団が朝鮮半島の東南部の海浜一帯に居住していたと考えられる。(11) 木下礼仁(12)によれば、洛東江下流域から慶尚南道の東南海岸地帯、さらに対馬あたりまでも含めた地域に倭人集団を想定している。

右の「想定」は今後の研究の進展に待つとしても、少なくとも帯方郡に向かう際の交通路を考えてみた場合でも対馬、一支のみならず、朝鮮半島の南辺の水人・海人の情報網、航海術や航路の安定化に依拠することが大きかったと思われる。景初三年八月の卑弥呼のすばやい魏への朝貢もそうした海人・水人からの情報を得てのタイミングであったのであろう。

三十カ国にとっても、女王の王権のもつ外交権・交易権などの統括力によって、安定的な外交（通交）、交易が保証されていた。それはまた、後漢時代の五七年の奴国王や一〇七年の倭国王（おそらく伊都国王か）の楽浪郡―後漢王朝への遣使の伝統性（経験）にのったものであったろう。

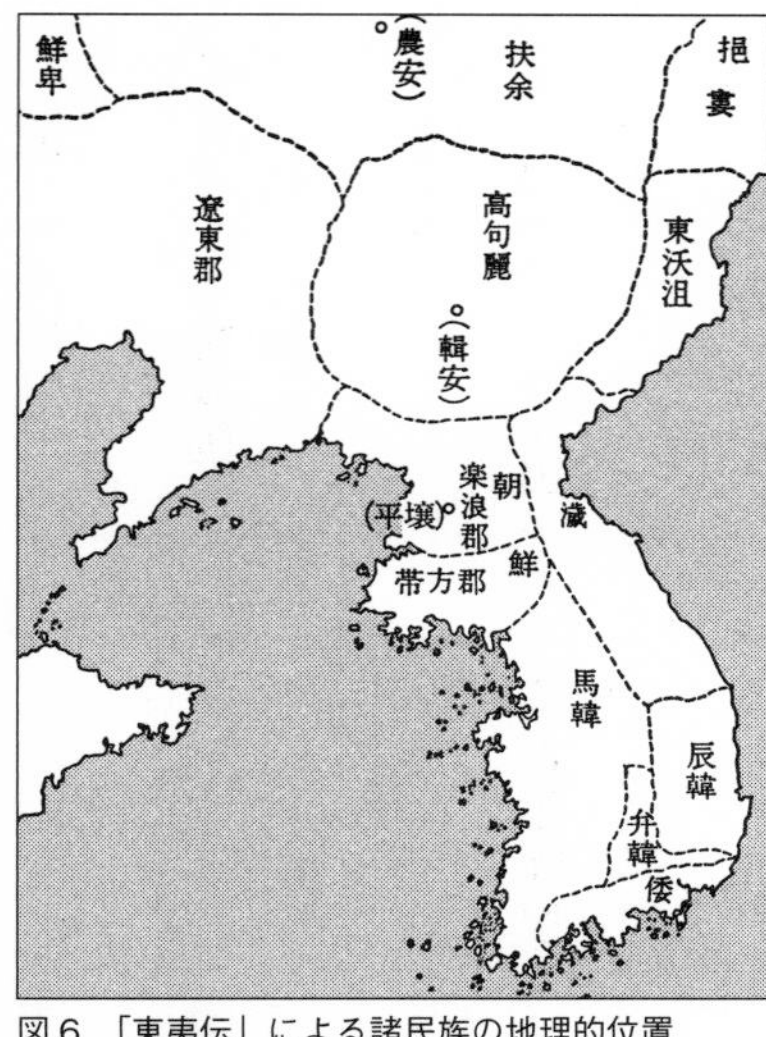

図6 「東夷伝」による諸民族の地理的位置
井上秀雄『古代朝鮮』より

畿内ヤマトの邪馬台国、出雲の投馬国の二つの大国も、この時代、三十カ国の構成国として、王権の統括力に依存する面があったのである。この畿内ヤマトの邪馬台国については後述するが、筆者はこれを記・紀にみる初期ヤマト政権（崇神・垂仁天皇の時代）とみている。

2　女王国と狗奴国

†狗奴国はクマソ

女王国の南に狗奴国があって、卑弥呼の女王国（ヤマト国）と対立していたことについてはすでにふれた。『魏志』倭人伝に「女王境界所レ尽、其南有二狗奴国一、男子為レ王」とあり、『魏略』逸文にも「女王之南、又有二狗奴国一」とある。その所在地は、畿内説では、毛野国（上野・下野国）、熊野（紀伊半島南部牟婁地方）、濃尾平野（前方後方墳形の密集地）などがあげられている。一方、九州説ではクマソ説が有力である。筆者はクマソ（熊襲）で動かないと思っている。

クマソの「クマ」は肥後国球磨郡（人吉盆地）、球磨川流域から薩摩半島にかけての地。「ソ」は、日向国贈於郡（鹿児島県曽於郡）から大隅半島にかけての地を合わせてクマソとよんでいる。

『書紀』景行天皇十二年十二月・十八年四月条の記事で襲（ソ）国の首領や熊県の首領熊津彦を討つ話があって、クマソ征討物語となっている。また日本武尊（ヤマトタケルノミコト）の熊襲征討の話（景行天皇二七年十月条）も景行天皇の巡行のあとにみえる。『古事記』には倭建命（小碓命）が熊曽建兄弟を討つ話が展開している。

この景行天皇の時代、天皇とヤマトタケルによるクマソ征討の説話が、どの程度、史実が反映されたものなのかは細部にわたる検討が必要なのであろうが、狗奴国がクマソであるとすれば、女王国と対立した狗奴国は結局、最後は記・紀に示される畿内ヤマトのヤマト政権（邪馬台国）によって滅ぼされたということだけはいえるのではないかと思っている。

狗奴国については、あまり研究はすすんでいないが、水野祐[13]が力を注いでいる。水野は、狗奴国の成立時期を倭国の大乱以前、奴国の勢力が大いに発展した二世紀の初頭とし、それが日向地方を基地として、南九州を徐々に統合し、三世紀に至って北九州の女王国に対立する強大な国に成長した。すなわち、狗奴国は北九州の奴国の代表権に反抗した分国であるとみている。

右のことは、水野の豊かな構想力の中で推定された仮説で、筆者としては興味深い仮説として紹介しておくだけにしたい。

†諸国の官名が示すもの

狗奴国は、女王卑弥呼に対して、男王卑弥弓呼（ヒミキュウコ、ヒミココ、ヒミクコ）の国とされている。おそらく性格の異なる国で、専制君主のイメージが浮ぶ。官に「狗古智卑狗」（ククチヒコ、ククチヒク）がみえるが、これを肥後国菊池郡の地名に関わらせて、菊池彦の人名と解する説、あるいは景行天皇紀十八年四月条の熊津彦とみる説もある。

しかし、この点については、官名である「狗古智卑狗」を人名として結びつけるのはおかしいとする見方もある。(14) 女王国連合下の他の諸国の大官・副官と比較してみると、卑狗（ヒコ、ヒク）を大官とする諸国があるが、狗奴国のそれは〝狗古智〟がついていて特殊な官名であるようにみえる。筆者もかつて、「狗古智卑狗」を菊池彦と解して、肥後国菊池郡に結びつけて狗奴国の領域と考えたが、菊池郡は肥後国の北部で筑後国に近いことや、クマソの〝クマ〟の球磨郡―球磨川とは大分離れていること、また菊池郡には山門郷（ヤマト）があることを考えると、菊池郡はむしろ女王国（ヤマト国）の領域内とみなすべきであった。

官名については、大官と副官がみえること、また副官である卑奴母離（ヒナモリ）を除いて、国々において多様で独自性をもっていることなどを考えてみると、背後に統一王権があって、各国に派遣官もしくは地方官を設定したというようなものでない。各国が独自に置いたとみるべきであろう。

「卑狗」はヒコであれば、人名によく登場する「○○彦」「○○日子」、「爾支」はニキ↓ヌシであれば、大物主、事代主、あるいは県主のヌシ。「兕馬觚」はシマコであれば島子、「多模」はタマとすると、玉あるいは魂に関係するか。「弥弥」「弥弥那利」はミミ、ミミナリとすると首長層の人名にみえる大耳・垂耳（『肥前国風土記』）、耳垂（景行天皇紀十二年条）があり、人名の尊称にも天忍穂耳、神八井耳尊がでてくる。

国名	大官	副官
対馬国	卑狗（ヒコ）	卑奴母離（ヒナモリ）
一支国	卑狗	卑奴母離
末盧国	—	—
伊都国	爾支（ニキ）	泄謨觚
		柄渠觚
奴国	兕馬觚（シマコ）	卑奴母離
不弥国	多模（タマ(モ)）	卑奴母離
投馬国	弥弥（ミミ）	弥弥那利（ミミナリ）
邪馬台国	伊支馬（イキマ）	弥馬升
		弥馬獲支
		奴佳鞮
狗奴国	狗古智卑狗（クコチヒコ）	—

表2　『魏志倭人伝』にみる倭人諸国の官名

副官の「卑奴母離」（ヒナモリ）については、対馬・一支・奴・不弥の四カ国にみえていて特別な事情のある官と思われる。「卑奴母離」については、ヒナモリ（夷守）説とヒノモリ（火の守）説とがあるが、音韻としてヒナモリが良いとするると夷守説で良いと思う。ただこの夷守はのちの防人のように中央政権によって辺境に派遣された軍事官（兵士）とみることはできない。平野邦雄[15]は、この三世紀のヒナモリのヒナの言葉を吟味して、ヒナとは京（ミヤコ）に対応する概念で、王畿の外延部を指す言葉であって、のちの鄙のように辺境地帯をいうのではないとして邪馬台国（女王国）北九州説の有力な論拠とされている。ヒナモリが北九州沿岸国にみられること、その中で伊都国にはみえないことを考えあわせると、女王国（ヤマト国）――伊都国の外延部（ヒナ）を外部から守るという役割をもって女王卑弥呼によって設定された官であろうか。

要するに、大官・副官は官職名というようなものでなく、各国の大人層（首長クラス）の敬称・尊称の類[16]で、大人層のもっている権威・権限、あるいは地位といったものを官職とみなして列挙したものと考えておきたい。

以上、官名についてはまだわからない点が多く、狗奴国の「狗古智卑狗」についても、人名でなければどう解すべきか。ここでは、大人（主力首長）の尊称・敬称を示すもの、あるいは地位を示すものとみなしておきたい。

3　王号について——狗奴国と伊都国

次に狗奴国・伊都国の王号についてみておきたい。

王号は、中国王朝の皇帝から蛮族（異民族）の君主に賜与された称号で、皇帝—王という冊封（さくほう）体制下のもとで機能するものである。したがって、国の君主（支配者）が自称した称号ではない。

†伊都国の王号と「皆」の問題

『魏志』倭人伝の場合、王号は女王卑弥呼と伊都国王と狗奴国の男王の三例がみられる。このうち伊都国の王については問題がある。

『魏志』には、伊都国の官号、戸数を記したあと「世々有王、皆統属女王国」（世々王有り、皆（みな）、女王国に統属す）とある。

この場合、〝皆〟とあるのは無用なる文字[17]、問題の多い文字[18]といわれているが、『魏志』によって強いて解すれば、「世々」を受けてのものと考えられる。すなわち、伊都国には

〝王〟を称するものが代々続いていて女王に統属していたと、あるいは卑弥呼—壹与の世々を通して伊都国の王は、女王に統属していたということになろうか。もちろん、そうした事実があったのか不明であるから、これも憶測の域を出ない。伊都国の場合、対帯方郡—魏王朝との外交・交易上、重要な拠点として位置づけられていたことは、「郡使往来常所レ駐(とどまる)」の記事にあらわれているし、また後述するように伊都国には一大率や刺史の設定もあった。

周知のように一〇七年の「倭国王帥升等」(『後漢書』倭人条)の朝貢の中核にあったのが、伊都国王であったから、卑弥呼の時代(七十～八十年後)に至ってもその伝統(歴史)性を引き継いでいるはずである。考古学的には後漢鏡(方格規矩四神鏡(ほうかくきくししんきょう))二十一面以上を出した井原鑓溝(いわらやりみぞ)遺跡(福岡県前原市)を王墓とする見解[19]によって傍証されよう。

伊都国が女王国と密接な関係をもっていた特別な国であったから、卑弥呼によるかつての伊都国の王家への特別の配慮があったとする見解もあるが[20]、一〇七年の伊都国王の遣使以来、伊都国には世襲的に王家が継承されて、女王卑弥呼の郡—魏への外交権を分担、もしくは代理するようなことがあっての〝王〟の自称なのかもしれない。

なお、『魏略』逸文をみると、帯方郡から倭に至る国々、対馬—一支—末盧をあげたあと最後に「到㆓伊都国㆒、戸万余、置曰㆓爾支㆒……其国王皆属㆓女王㆒也」で終わっている。注目すべきは、「其の国の王」は「皆、女王に属している」としている点である。「其の国の王」とは、対馬・一支・末盧・伊都の国々の王ということになる。

一方、『後漢書』倭伝には、漢の時代、「使訳通㆓於漢㆒者三十許国、国皆称㆑王、世世伝㆑統」とある。漢の時代とあるのは魏の誤りであり、『隋書』倭国伝には「倭国……魏時訳通㆓中国㆒三十余国、皆自称㆑王」としている。それはともかく、使節を通じていた三十カ国が、それぞれ国王を自称していたということになる。史書の撰者の認識が反映されたものなのであろうか。

†橋本増吉の見解

ところで、伊都国の〝皆〟の問題については、これを陳寿による作文、作為とみなす橋本増吉の見解(21)もある。橋本は以下のように指摘している。

> 魏志に「世々有㆑王、皆統㆓属女王国㆒、郡使往来常所㆑駐」とあるのは、魏志の編者陳寿によりて、始めて作為せられた文句であり、或る他の記録によりて、伊都国に関し「郡

使往来常所レ駐」という知識を有せしが為めにこの文句を伊都国の条下に記入するに際し、魏略の本文には「其国王」とあったのをば、「世々有レ王」と改め、以て伊都国だけの説明となし、その記載法をば対馬より末盧に至る前半の記載法に一致せしめたものであろうかと推考せらるゝのである。(22)

橋本によれば、陳寿が『魏略』に拠りて作文したとき、『『其国王』なる文句を『世有王』に変改して、その次の『皆』なる文句はそのまゝと為し置きし為め、魏略の場合には有用なる文字が、魏志の場合には無用の文字となったのではあるまいか(23)」とものべている。

そこで、陳寿の〝作為〟の背景を考えてみると、陳寿は『魏略』の「其国王皆属女王也」のところに疑問をもって、それを伊都国にのみ限定した王に訂正したということになろうか(陳寿が『魏略』を参照していたことを前提にしてであるが)。それにしても『魏略』はなぜ、対馬・一支・末盧・伊都の国々に王の存在を認めたのかが問題となるが、それはおそらくこれらの国々は帯方郡・韓国との通交をもっていたため、その国々の独立性・主体性を認めて王の存在を推知したのであろうか。あるいは各国の官(大官・副官)の独自性(各国が独自に設定したもの)からみて、その官を統率する「王」というものの存在を想定したものか。あるいは各国の支配者が自らを〝王〟と自称していたものを記録したものであろうか。

以上、伊都国の〝王〟について考えてみたが、それを撰者の作文とみるべきか、もしくは事実として伊都国の特殊な事情のため自ら王として自称していたものを記録したものなのか、今は結論は保留にしておきたい。

†狗奴国の王号

次に狗奴国の王であるが、狗奴国の場合、王名が卑弥弓呼（ヒミクコ、ヒミキュウコ）の男王として明記されているのでなんらかの根拠はあったと思われる。この点について、狗奴国も別途、魏に朝貢していたゆえに王号を賜与されていたとみる説がある。水野祐[24]は、正始八年の女王国と狗奴国との抗争の際、帯方郡は卑弥呼の要請をうけたにもかかわらず、ただちに兵を動かして援助することなく、まず両者に対して訓告したということ、また狗奴国は魏の告諭を入れて戦闘を中止したらしく思われること、両国がともども魏の朝貢国（属国）であった証拠であろうと解釈している。

これは興味深い見方であるが、『魏志』倭人伝をみる限り、魏が倭王としてその王号を賜与したのは、卑弥呼の親魏倭王のみで、それが正式の王号である。

狗奴国の位置は、女王国のさらに南方になり、魏と対立した呉王朝に一層接近していたという認識があったろうから、呉王朝から〝王〟を認定されていたため、自ら王号を名乗っていたのかもしれない。女王国と狗奴国の抗争については後述したい。

4　新興国、邪馬台国の台頭

†纒向遺跡と邪馬台国

『魏志』倭人伝にみる邪馬台国（ヤマト国）は畿内ヤマトである。投馬国とならんで、この二国はそれぞれ五万戸、七万戸を有する大国と記述されている。そして、この二国は北九州沿岸の諸国とは違って、北九州を遠くはなれた出雲と畿内ヤマトにあって、女王国に属している三十カ国の中の構成国となっていた。しかし、『魏志』をみると、二国はその戸数と日数距離と大官・副官の記述のみで、その様子はよくわからない点が多い。そこで、近年、邪馬台国の候補地として話題となっている纒向（まきむく）遺跡（奈良県桜井市）からその様子をみておこう。この纒向遺跡から邪馬台国の畿内ヤマト説が一気に有力説となった。

この遺跡は奈良盆地の東南、三輪山―大神神社の西麓にある。時期としては、前期の庄内式土器の時代、すなわち二世紀末から三世紀初頃と、後期の布留式土器の時代、すなわち三世紀中頃から四世紀代のものとされている。その範囲は東西二キロ、南北一・五キロという広大な大きさになるという。

この遺跡の特徴は人と物の流通センターとしての都市型の遺跡である。例えば、遺跡から出土する土器が全国的で山陰系、吉備系、四国系、北陸系、東海系があり、九州の国東半島(大分県)などからも人々が集まってきた都市であった。さらに朝鮮半島南部からの瓦質土器や楽浪系土器の移入があった。また北九州からは鍛冶、鉄製品の技術の交流があったという。さらに重要なのは纒向大溝とよばれる幅が六メートル、深さが二メートルある人工の水路、この水路は用水・排水のため、あるいは舟を通して物資を運ぶための大溝と考えられている。

†祭政用建物址の発見

さらに重要であったのは、二〇〇九年に大字辻地区の微高地で発見されたA〜Dの四棟[25]

の建物群で、これを居館推定地とされている（Aについては不明とする）。それらは西から東へむかって、東西軸にそって規則正しく配列された建物であった。これらの建物の性格についてはよくわかっていない。Bが神殿状の建物ともいわれているが、注目すべきはDの大型建物であろう。

このDの建物は、南北十九・二メートル、東西十二・四メートル、床面積二百三十八平方メートル、三世紀中頃までの建物としては国内で最大の規模をもつとされている[26]。

この建物Dについて、建築学の立場から黒田龍二[27]は興味深い見解をのべている。

建物Dは、(1)高床建物である、(2)南北の規模は柱間四間、(3)東西の規模は柱間四間、(4)総柱構造、(5)東面が正面（四棟の建物A〜Dが中心軸を東西に揃えて並ぶ）、(6)内部の間切りは出雲大社[28]に類似している（正面は偶数の柱間）という特徴を指摘している。また、ここでは詳しくふれないが、建物Cの棟持柱（むなもちばしら）建物は伊勢神宮正殿と類似した形態で、霊威（れいい）の強い宝鏡を納めたホコラ（宝庫）とみている。

黒田は纒向遺跡のこれらの建物群を初期ヤマト王権の王宮であるとみている。それが「初期ヤマト王権の王宮」というのは、黒田がこの王宮址を崇神・垂仁天皇の時代の王宮との関係で考えているからである。そして、建物Dでは内部構造（面積）からみても出雲

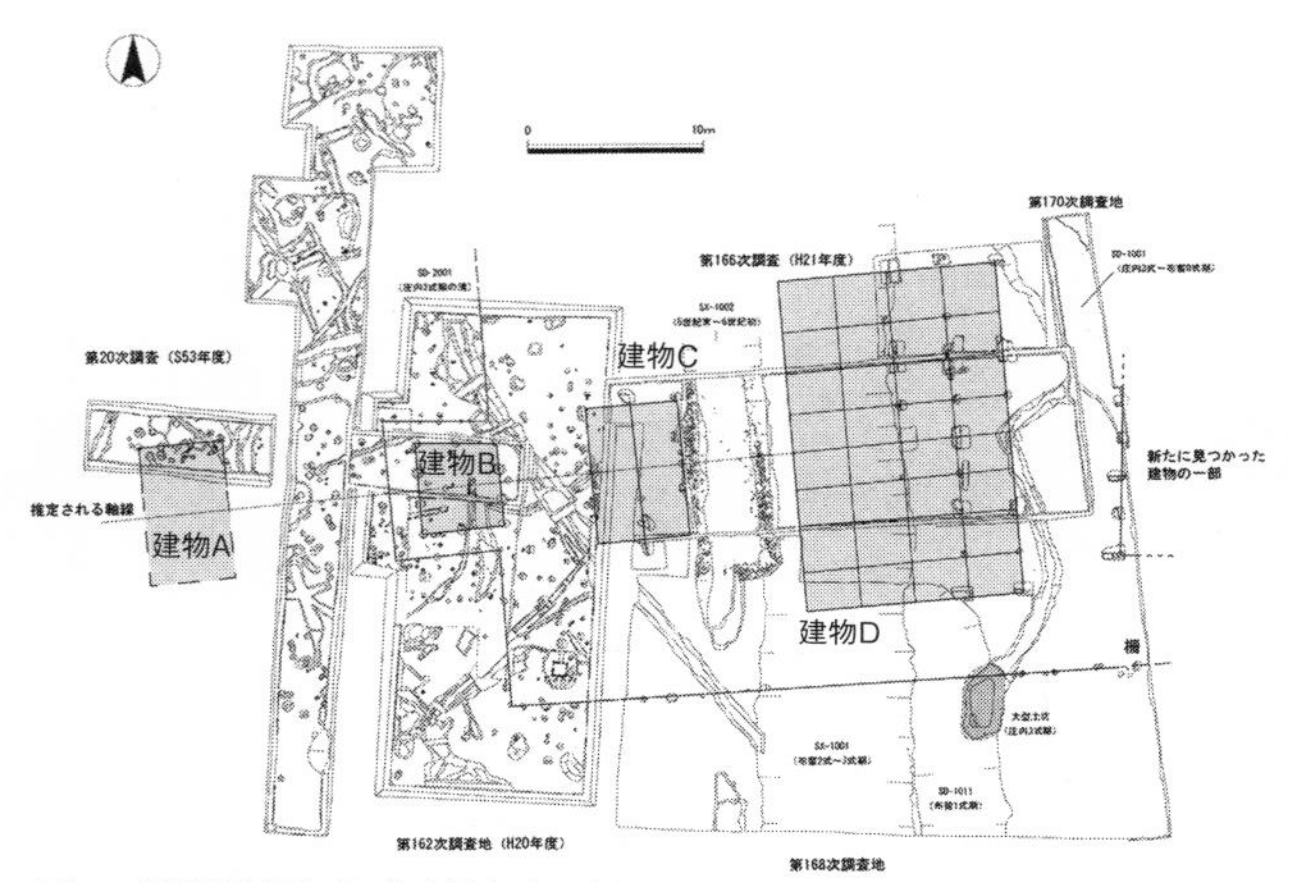

図７　遺構配置図（桜井市教育委員会）

図８　全体復元図（設計・監修　黒田龍二　©NHK／タニスタ）
左から建物Ａ、Ｂ、Ｃ、Ｄ。
図７、図８とも黒田龍二『纒向から伊勢・出雲へ』（学生社）より

大社と同じく殿内祭祀が行われていたという。いわば、建物Dは、王の居住空間としての宮殿（大殿・御舎（みあらか））でもあるが、そこにはいわゆる「同床共殿」（『書紀』神代下九段の第二の一書、崇神天皇紀六年条）として、天照大神や倭の大国魂神を祀（まつ）っていた祭政用建物であったとしている。

岡田荘司[29]によると、この殿内祭祀（宮殿内祭祀）は、神社成立以前の神殿祭祀である。『書紀』には崇神・垂仁天皇の時代の宮殿内祭祀（神殿祭祀）である「神人共殿」の時代の神の祟りから神人分離へ至る過程の話が伝わっている。またこの纒向遺跡では、辻地区の祭祀遺物からみて、宮殿内の祭祀として新嘗（にいなめ）儀礼が斎行されていたのではないかと指摘している。

以上、纒向遺跡を通して、邪馬台国＝初期ヤマト政権の様子をとくに祭政用建物址からみてきたが、そこには三世紀の崇神・垂仁朝の王宮の姿が浮かんでくることを感じる。そして、そこに出雲大社を入れると、投馬国である出雲と、邪馬台国である畿内ヤマトとの深いつながりが想像される。出雲大社も「天皇」の宮殿（御舎）に似せた殿内祭祀（宮殿内祭祀）から出発しており、伝承的にも『古事記』の垂仁天皇のホムチワケ伝承にみえる出雲大神（葦原色許男大神（あしはらしこを）―大国主神）の宮の修理・造営、出雲の国譲り神話にみえる「天皇」

の御舎に似せた出雲大社（杵築大社）の創設もヤマト政権が深く関与していた。
ただ、記・紀の崇神・垂仁朝を畿内ヤマトの邪馬台国に結びつける点については、紀年の問題も含めて種々の課題が横たわっており、直ちに結論というわけにはいかない。

5　一大率と刺史をめぐって

†一大率と刺史の関係

邪馬台国は新興国であり、大国であり、「男王」を志向する国であった。その辺りを一大率と刺史の面から考えてみたい。

風俗記事の中に政治的事項が以下のようにみえる。

収[1]租賦、有邸閣。国[2]々有市、交易有無、使大倭監之。自[3]女王国以北、特置一大率、検察諸国、諸国畏憚之、常治伊都国。於[4]国中、有如刺史。王遣使詣京都・帯方郡・諸韓国、及郡使倭国、皆臨津、捜露伝送文書、賜遺之物、詣女王、不ㇾ二得差錯一。

右の記事を内容的に四つの文章に区切って解釈した。(1)租税を収むるに軍用倉庫があった。(2)倭の国々には市場があって、有無を交易して、〔国主は〕倭の大人をしてこれを監視させている。(3)〔邪馬台国は、〕女王国より北にある諸国に対して、特に一大率を置き、それらの諸国を検察させている。そのため諸国はこれを畏れ憚っている。〔大率は〕常に伊都国にその治所を置いている。(4)倭国の内には〔中国の〕刺史に類する官人がいて、王(倭王)が使いを遣わして、京都(魏の都)、帯方郡、諸韓国に詣るとき、及び〔帯方〕郡の使いが倭国に来るとき、皆、津に臨んで、伝送されてきた文書や贈り物を捜露(照合点検)して、〔確実に〕女王のもとに送るのに誤りがないようにする(以上、〔 〕は補足した部分、( )は言いかえ)。

右の記事で難解なのは、(3)の一大率と(4)の刺史の関係である。従来は、(3)と(4)とを同一視して、一大率は中国の刺史のような官職名だと解釈されてきた。その理由は、一大率の権力・権威を大きくみて、それが中国の刺史のそれに相当するという理解である。そして、一大率がどういう官名か、中国の官制にはみえないということもある。

†一大率と「大率」

この一大率について近年注目されているのは、『墨子』巻十五の迎敵祠第六十八の中の「守城の法」に関わる箇所にみえる「大率」である。

……城上は歩に一甲一戟あり、其の賛は三人、五歩に五長有り、十歩に什長有り、百歩に百長有り、旁に大率有り、中に大将有り、皆に司吏卒長有り……[30]

右は城を守る軍隊の編成をのべたもので、「大率」は城の四面にあって、四方の敵からの攻撃を防ぐ軍隊の将軍であって、中央には大将軍たる「大将」がいる。

『魏志』の「一大率」が『墨子』にみえる「大率」に由来するとすれば、「一大率」の〝一〟は、「一人の大率」というように解すべきものといわれている。[31] そうしてみると、「大率」とは、軍士を率いる一人の将軍、統率者であって、それは(4)の行政監督権をもつ州の長官（刺史）とは性格の異なるものである。すなわち(3)の「一大率」は将軍、軍官であり、(4)の「刺史」の如きものは基本は行政官である。

佐伯有清[32]は、(3)の一大率の文句と、(4)の刺史の文句とは別個の説明文であるとみている。筆者もその説に左袒(さたん)する。

(3)と(4)をよくみると、(3)では、一大率が伊都国において北の諸国を検察したとあり、(4)では中国にみるような刺史が女王の外交権を代理していた様子が窺えるが、「於二国中一有レ如二刺史一」の「国中」の意味は難解である。この「国中」は、陳寿が「倭国の国の内」には中国の刺史のようなものがいたとする漠然とした認識で記述したものと考えておきたい。重要なのは、(4)で「津に臨みて……」とあって、この〝津(しん)〟は外交関係の拠点である伊都国の港と解すべきであろう(伊都国は〝郡使往来、常所レ駐〟であった)。刺史は、一大率とは違って、伊都国内に常治されていた官職ではないだろう。女王国からその都度派遣されてくる官人であったろう。したがって、(3)の一大率と(4)の刺史とを同一視し、あるいは(4)にみえる外交官的な職務を(3)の一大率の職務内容であると理解することによって、強力な権力をもつ一大率の設置を考えるのは賛成できない。

女王国(卑弥呼の政権)は、女王卑弥呼を共立した北九州沿岸七カ国(対馬、一支、末盧、伊都、奴、不弥国と女王のヤマト国)の連合体の盟主の国であった。一方、畿内ヤマトの邪馬台国は、「男王」を志向する新興国であった。両国の間では、交易・通交等をめぐって、友好・確執・対立など複雑な政治的関係性を想定してみるべきであろう。

†誰が一大率を設置したか

そこで一大率の設置の主体者の問題になるが、従来の邪馬台国論争にあっては、北九州説であれば女王国（邪馬台国）が設置したもの、畿内邪馬台国説では、畿内邪馬台国が設置したものということになるが、筆者は北九州女王国（ヤマト国）と畿内ヤマトの邪馬台国を別個の国として分離したのであるから事情は少々複雑になる。

先の(3)には「自二女王国一以北、特置二一大率一、検二察諸国一、諸国畏二憚之一、常治二伊都国一」とあり、一大率が設置されたことにより、女王国より北の諸国に対して検察が行われ、諸国はこれを畏れ憚ったと解釈するとすれば、これはある種の外部勢力が一大率を伊都国に派遣してきて設定したという考えに導かれる。

この点に関して、かつて松本清張(33)が大率は魏王朝の命令によって出先の帯方郡が北部九州（女王国以北の国々を魏の特別行政地帯とした）に派遣してきた軍政官であると規定して、三世紀前半に北部九州を領有するような強大な政権が畿内に存在したとは考えられないとして、その理由をあげていた。

しかし、魏―帯方郡が設置したものならば『倭人伝』の中で設置主体を魏―郡と記すのが常識だろう。また、女王国以北というのは倭国内からみた表現と考えるべきである。さらに当時の朝鮮半島の情勢からみて、とくに伊都国に軍政官をおく必然性はなかったであろう。

清張は大率を刺史と同一視して、そこに大率の強力な権力を想定しているが、この点についてもすでにのべたように大率と刺史とは別個のものとして切り離すべきであろう。一方、女王国（筆者の場合、北九州のヤマト国）が自国の北にある伊都国にこの一大率を設定したとみる見解はどうか。この場合、女王国は女王卑弥呼を共立した北九州沿岸諸国（対馬、一支、末盧、伊都、奴、不弥国）の盟主国（ヤマト国）であるから、そうした女王国連合体を構成している諸国に対して女王国が一大率をおいて畏れられたというのは腑におちない。共立―連合体論に反する行為である。

そこで「外部性」という視点を入れると、魏―帯方郡でなければ、残るは畿内ヤマトの邪馬台国であると考える。畿内の邪馬台国は九州を遠く離れた外部勢力の様相を呈しているが、実際は使訳通ずる所の三十カ国の中の構成国の一つである。いわば狗奴国のように女王国（ヤマト国）に敵対する国ではない。

これは推測になって今後の議論を必要とするところであるが、北九州のヤマト国である女王国と畿内のヤマト国である邪馬台国[34]とは親縁性のある国であったろう。

二つのヤマト国

この二つのヤマト国については、たまたま東西に併存していたとその偶然性を指摘する見方[35]もあるが、橋本増吉[36]の興味深い仮説がある。それによると「『ヤマト国』なる国名は、北九州の筑後山門地方に蟠踞せる、いわゆる女王国の名称であったと思われるのに、それが何故に、また如何にして畿内大和の国名となり、更に全日本の名称として認められ、使用さるゝに至ったのであるかという疑問は是非とも闡明せられなければならない疑問であろうと考える」とし、その仮説として、「『ヤマト』の名称がその国名として使用されたのは北九州の筑後山門郡地方に拠った部落国家が最初で、畿内大和の方はその名称が東に移動したものであろう」、そして後漢末の倭国の大乱の結果、女王に敗れた邪馬台国統括圏内の一派が、すなわち東方への移住者が新たに占拠せし地に同じくヤマトなる国名を付したのだとしている。

これを神武東遷説話に結びつけようとする議論は当然でてこようが、橋本の場合、そうした誘惑とは無縁である。

考古学的には、山城的な高地性集落の分布の問題、銅剣・銅矛（どうほこ）文化と銅鐸文化との併存・対立の問題、鉄素材をはじめとする大陸・半島からの物資の獲得をめぐる問題等々、移動や争乱を考える材料はあるかと思うが、今後の課題として注意しておきたい。

議論は少々横道に入った感があるが、畿内ヤマトの邪馬台国による一大率の伊都国への設置は、倭人伝の文句からは、これを女王国連合体の分断をねらった強権的な措置（そち）とみなす見解もでてきそうな気もするが、決してそう解釈する必要はない。一大率は一義的には、「大倭」と一体となって、対郡、朝鮮半島、さらには九州諸国との通交・交易関係のための監察の任にあたった軍将であったと思う。

伊都国には王がいて女王国に属していたとあるが、伊都国は一〇七年の倭国王帥升等の後漢への遣使の歴史をもった国として伝統的に楽浪郡、帯方郡、諸韓国への窓口として大きな役割をもっていたはずである。伊都国は女王連合体の構成国ではあるが、ある程度の自立した地位にあったのであって、畿内ヤマト（邪馬台国）の一大率設置を容認していたのであろう。したがってこの一大率は北九州北部の沿岸諸国を検察するために設定されたものでなく、対帯方郡―諸韓国との通交・交易に関わるものであった。ただそれがときには、強権的になり、利害もからんで沿岸諸国と対立し、それらの国を脅かす存在にもなったと考えられる。

なお、九州の女王国（ヤマト国）では、「刺史」に類似の官人を派遣して、伊都国において、女王が魏・帯方郡・諸韓国に遣使するとき、また郡から使者が倭国に来るときには大津で厳重に臨検して文書や下賜品を調べあげ、無事に女王のもとに送りとどけられるようにしていた。

以上のように筆者は一大率と刺史とを別個のものとして切り離し、前者を派遣したのは畿内の邪馬台国（ヤマト国）、後者を派遣したのは北九州の女王国（ヤマト国）であると考えた。両国の間を、即、対立関係にあるものとみなして、そこに支配―従属というような政治関係で固定化してしまうのでなく、二国の通交・交易等の関係性において多様で流動的な政治関係を考えるべきであろう。

注

（1）『日本古代史地名事典』雄山閣、二〇〇七年、丸山雍成『邪馬台国魏使が歩いた道』吉川弘文館、二〇〇九年を参照のこと。

(2) 西嶋定生『邪馬台国と倭国』一五、一六ページ、吉川弘文館、一九九四年。『太平御覧』所引「魏志」には「其の国」の所が「倭国」となっている。
(3) 西嶋定生『邪馬台国と倭国』一〇ページ。
(4) 平野邦雄『邪馬台国の原像』四四ページ。
(5) 井上光貞「邪馬台国の政治構造」(石井良助・井上光貞編『シンポジウム　邪馬台国』)。
(6) 佐伯有清『魏志倭人伝を読む　上』八〇ページ。
(7) 二十一ヵ国の比定地については、のちの律令国家の国・郡・郷制の地名(とくに郡名)の音訳から類推するものが多く、比定の方法論はまだ確立されていない。
(8) 水野祐『評釈　魏志倭人伝』(新装版)一一七ページ。
(9) 橋本増吉『邪馬台国論考1』の中の十一「倭人諸国の実情」を参照。
(10) 井上秀雄『古代朝鮮』講談社学術文庫、二〇〇四年、六一ページの地図では「東萊」とみている。
(11) 橋本増吉『改訂増補　東洋史より見たる日本上古史研究』の第2編「日本建国の時代」九一四ページ。井上秀雄『古代朝鮮』六四ページの地図参照。小林敏男「中国文明と漢字の伝来」(『日本国号の歴史』所収、吉川弘文館、二〇一〇年)。
(12) 木下礼仁『日本書紀と古代朝鮮』三三三ページ、塙書房、一九九三年。
(13) 水野祐『評釈　魏志倭人伝(新装本)』一九二ページ。
(14) 橋本増吉『邪馬台国論考1』二五一、二五二ページ。佐伯有清『魏志倭人伝を読む　上』八七ページ。
(15) 平野邦雄『邪馬台国の原像』七四ページ。
(16) 水野祐『評釈　魏志倭人伝』の「女王国・狗奴国の官名について」一四六ページ。

(17) 橋本増吉『邪馬台国論考1』一六七ページ。
(18) 坂本太郎「魏志倭人伝雑考」(古代史談話会編『邪馬台国』所収、一九五四年)。
(19) 寺沢薫『日本の歴史2 王権の誕生』二二〇ページ、講談社、二〇〇〇年。
(20) 関和彦『卑弥呼』九三ページ、三省堂、一九九七年。
(21) 橋本増吉『邪馬台国論考』の中の九「国王の問題」、十「翰苑記事内容の考察」を参照、平凡社、一九九〇年。
(22) 橋本増吉『邪馬台国論考1』一八二ページ。
(23) 橋本増吉『邪馬台国論考1』一六七ページ。
(24) 水野祐『評釈　魏志倭人伝』二五七、二五八ページ。
(25) Aは二〇〇九年以前に発見。
(26) 以上は、橋本輝彦「纒向遺蹟の発掘調査」(橋本輝彦・白石太一郎・坂井秀弥著『邪馬台国からヤマト王権へ』所収、二〇一四年、ナカニシヤ出版。
(27) 黒田龍二『纒向から伊勢・出雲へ』学生社、二〇一二年。
(28) 出雲大社は、正面一〇・九メートル、奥行一〇・九メートル、面積一一九平方メートル。殿内祭祀を伝統とする神社である。延享(えんきょう)元(一七四四)年創立。
(29) 岡田荘司「神道とは何か」(岡田荘司編『日本神道史』所収、吉川弘文館、二〇一〇年)。
(30) 山田琢(たく)『新釈漢文大系51巻墨子(下)』明治書院、一九八七年の注釈による。
(31) 佐伯有清『魏志倭人伝を読む 上』二〇五ページ。藤堂明保他全訳注『倭国伝』一〇〇ページ。吉田晶『卑弥呼の時代』二一一ページ。
(32) 佐伯有清『魏志倭人伝を読む 上』二一三ページ。

(33) 松本清張『古代史疑』中公文庫、一九七四年。同「一大率—私の見解—」(上田正昭他編『ゼミナール日本古代史 上——邪馬台国を中心に』所収、光文社、一九七九年)。
(34)『隋書』倭国伝に邪馬臺(台)を邪靡(摩の誤り)堆(ヤマト)とよんでいる。『冊府元亀』でも邪馬台国を「邪摩堆」(ヤマト)とよんでいる。
(35) 坂本太郎「魏志倭人伝雑考」(古代史談話会編『邪馬台国』所収)。
(36) 橋本増吉『改訂増補　東洋史上より見たる日本上古史研究』の第二篇の4「国名の問題」東洋文庫、一九五六年。

第七章 女王国の時代とその行方

1 倭の女王と魏との外交関係

†卑弥呼の朝貢

女王卑弥呼が最初に魏に朝貢したのは、景初三年（二三九年、『魏志』の景初二年は三年の誤り(1)）六月で、前年八月に遼東の公孫淵がおさえていた帯方郡を魏の大尉司馬懿が征圧し、魏への道がつながったからである。このときの皇帝は、景初三年正月には明帝が崩御しているので、新帝の斉王芳（少帝）の時代であった。そして景初三年十二月には卑弥呼に対して制詔があって、卑弥呼に「親魏倭王卑弥呼」の称号と「金印紫綬」の印が仮授された。これは、太和三（二二九）年、西方の大国クシャン王朝の大月氏王波調に下賜された「親魏大月氏王」の称号に匹敵する大国に与えられる称号であった。

このように魏王朝が卑弥呼を好遇しているのは、司馬氏の始祖である司馬懿（孫の司馬炎が西晋朝を建国）の功績（帯方郡を公孫氏から解放して、東夷の大国倭国を朝貢させる道を開いた）を顕彰する意図が含まれていた(2)。

正始元（二四〇）年になって、帯方郡の大守弓遵は梯儁等を遣わし、先の詔書・印綬を奉じてきて倭王に拝仮し、詔を通じて「金、帛、錦、罽、刀、鏡、采物」を下賜したとある。

この郡使の派遣について、彼らは伊都国にとどまって、女王卑弥呼の下には行かなかったという見方（畿内論者に多い）もある。すなわち郡使梯儁は、詔書、印綬、下賜品を「刺史」に対して示し、女王に間違いなく伝達することを命じたということになる。しかし、景初三年十二月の制詔の中には金印紫綬は「装封して帯方の大守に付し、仮授せしむ」と特別にのべているくらいであるから、皇帝の詔書、印綬を奉じてきた郡使が女王の下に行かずに「刺史」にまかせてしまったということは考え難いことである[3]。

この正始元年のところでもう一つ問題となるのは、郡使の帰還のときになるが、倭王が上表して詔書に対して謝恩をのべている箇所がある。すなわち「倭王、使いに因って上表し、恩詔に答謝す」とあるが、この「使い」を郡使とみるか、倭王の使いとみるかである。答謝の上表文を郡使に託して送ったのか、あるいは倭王側の仕立てた使者を帯方郡に派遣して、魏帝への答謝の上表文を呈上したのかである。『晋書』巻一、宣帝[4]（司馬懿）本紀には「魏の正始元年春正月、東の倭、訳を重ねて貢を納める」とあるから、実際に倭の使者は、都洛陽にまで行ったことになる。ただ、正月とある時季は問題となる。魏の都まで倭国の使者が行ったとは考え難い点もあるので、郡までは行ったと解釈しておきたい。

次に正始四年に倭王の遣使があった。これは『書紀』神功皇后摂政四十三年条にも「魏志に云く」という形で、正始四年の「倭王」の遣使記事がみえる。倭王とあるのは女王卑弥呼であろう。『冊府元亀』（北宋の一〇一三年頃の成立）巻九六八：外臣部、朝貢一には「（正始）四年十二月、倭国の女王俾（卑カ）弥呼」の遣使がみえる。

†壹与の朝貢

その次の遣使は、壹与の遣使であるが、その時期は『魏志』には明示されていない。『魏志』によると、正始八（二四七）年に卑弥呼が狗奴国との戦闘を帯方郡に報告するために使者を派遣し、その結果郡から張政が派遣され、詔書・黄幢をもたらし難升米に拝仮し、檄をつくって告喩したとある。このときに卑弥呼が亡くなり、男王をめぐる争いがあって、壹与が女王として擁立された。郡の張政が帰還するとき、壹与は遣使・朝貢したという。

壹与、倭の大夫率善中郎将の掖邪狗（やざく）等二十人を遣わし、政等の還るを送らしむ。因って臺に詣り、男女生口三十人を献上し、白珠五千孔・青大句珠二枚、異文雑錦二十匹を貢す。

この壹与の朝貢を佐伯有清(5)は正始九(二四八)年頃としているのに従いたい。記事中「臺(台)に詣り」とあるから郡から魏の都(台)にまで通交したことがわかる。

壹与は魏のあとの西晋の時代、晋の武帝の泰初(始)二(二六六)年にも朝貢している。このことは『書紀』神功皇后摂政六十六年条にもみえ、『晋書』武帝紀には「(泰始二年)十一月己卯、倭人来りて方物を献ず」とある。

以上、晋は除いて、魏への倭女王の朝貢は三回ということになる。一方、魏使(郡使)の倭国への派遣は正始元年の梯儁と正始八年の張政の二回となる。とくに張政の倭国での滞在は、卑弥呼の死、壮大な葬送儀礼、卑弥呼の後継者をめぐる男王の登場と女王壹与の勢力との争乱、そして壹与の女王としての擁立——張政はそれらを見届けてからの帰還となった。それは長期間の激動の倭国滞在となったはずである。

2 正始六年と正始八年の事情をめぐって

†黄幢仮授の背景

正始六(二四五)年には、こうある。

詔して倭の難升米に黄幢を賜う。郡に付して仮授せしむ。

ここで黄幢とは、古代中国で軍事指揮用、儀仗用に用いられた旌旗(はた、のぼり)をいう。もう少し具体的には柄につるした垂れ旗をいう。[6] 黄幢の〝黄〟は、天上にあって、四方と中央を主宰する蒼帝(東方、青)・赤帝(南方、赤)・白帝(西方、白)・黒帝(北方、黒)・黄帝(中央、黄)の五帝のうちの黄帝をさしているとする説、[7] あるいは魏の色が土徳で黄色であったからとする説[8]がある。

問題となるのは、この一節は右にみたような簡単な記述で、その背景が語られていないことである。

このことについては水野祐[9]の考察があり、朝鮮半島の動乱から解釈されている。

朝鮮半島北部では、中国王朝（魏）にとって高句麗は脅威の位置にあった。地理的にみ

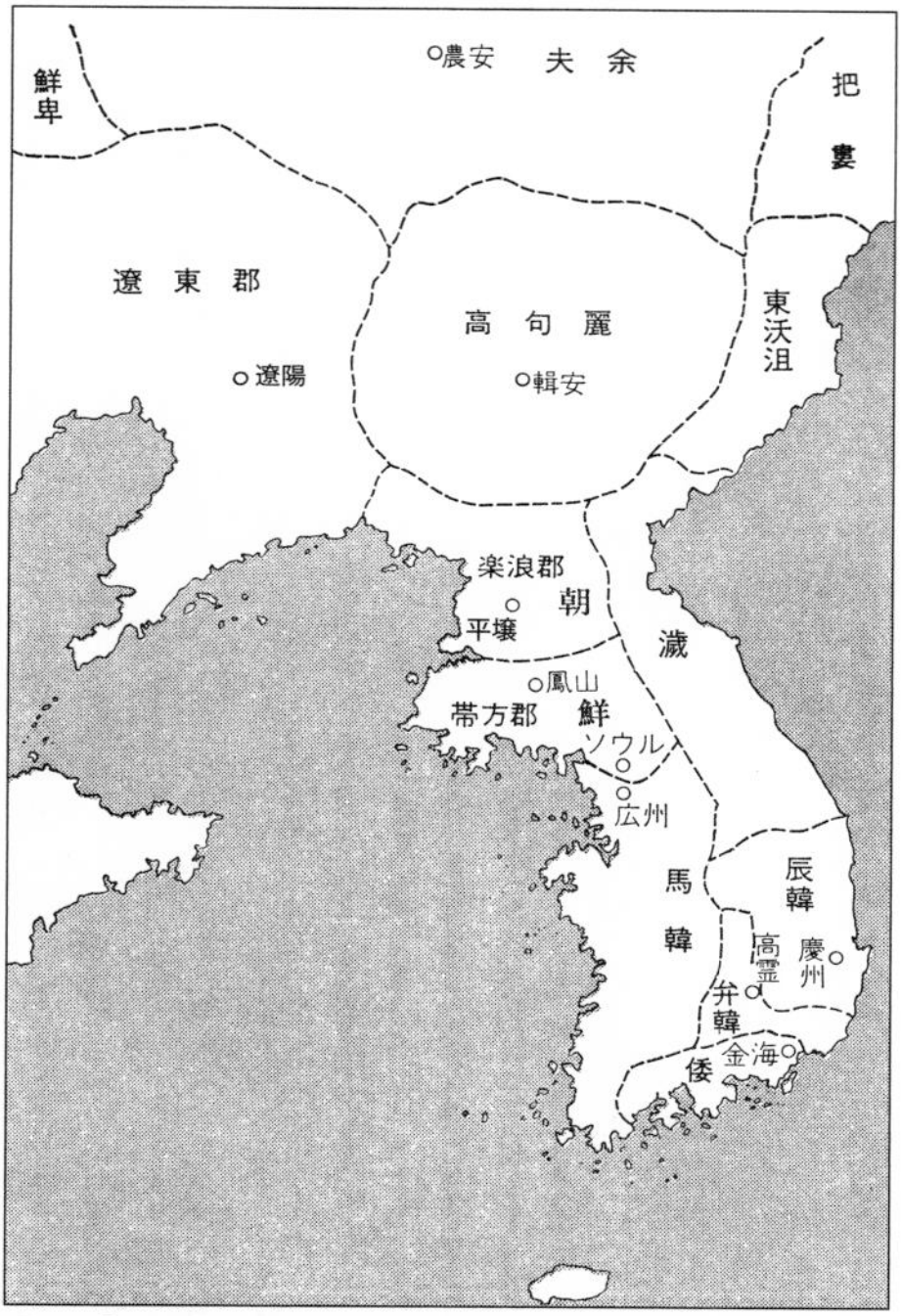

図９　『三国志』東夷伝による諸民族の地理的位置
井上秀雄他訳注『東アジア民族史１　正史東夷伝』平凡社、東洋文庫より。

れば、高句麗は遼東郡（公孫氏が抑えた郡）の東にあり、楽浪郡、帯方郡の北にあって、その占める位置は重要である。高句麗は、景初二（二三八）年に司馬懿（宣王）が公孫淵を討って帯方郡を解放したとき、高句麗王位宮は数千人をもって司馬懿の軍を援護した。しかし、その後、正始三（二四二）年には位宮は、遼東郡西安平県などにしばしば侵入したため、正始五年には幽州刺史毌丘倹のために敗れるところとなった（『魏志』高句麗伝）。

正始六（二四五）年、楽浪郡大守の劉茂と帯方郡大守弓遵は領東の濊（楽浪・帯方郡の東側にあって、高句麗と同種）が高句麗に臣属したので、軍隊を派遣して濊を討った。その結果、不耐侯（侯・邑君・三老の官があった）らは村をあげて降服してきた。そして正始八（二四七）年になって、不耐侯は魏の都に朝貢してきたので、魏帝から不耐濊王に任命された（『魏志』濊伝）。

こうして高句麗、濊の征圧後、二郡は南部の韓族にも圧力を加えてきた。それは、辰韓の八国を分離して楽浪郡に編入しようとして、韓の臣智（首長）をはじめとして韓人達の怒りを買って、帯方郡の崎離営を攻撃されるという事件である。このとき、帯方大守弓遵と楽浪大守劉茂らは軍隊を率いて韓人を討った。この事件で弓遵は戦死したが、二郡は遂に韓人を滅ぼした（『魏志』韓伝）。この韓人が楽浪・帯方二郡に制圧され、降伏したのは、正始七（二四六）年五月のことであったといわれている。[10] 倭人伝にも正始八年に亡くなった弓遵にかわって、新任の帯方郡大守王頎が着任したとある。

難升米への黄幢の仮授は、こうした朝鮮半島の、とくに韓人の叛乱のなかで、郡が倭の軍事力を動員したいという意図があったとみるのが自然であろう。[11] 難升米は景初三年に魏の少帝から率善中郎将・銀印青綬を与えられていたことが大きな理由であろう。中郎将は比二千石（秩二千石に準ずる）で宮城の宿衛・侍直にあたる官職のなかでその武官長にあたる。率善がついているのは蛮夷（東夷）に授与される官であるからである。その意味で黄幢はまさしく難升米に仮授されるにふさわしい旌旗であったろう。そしてこの難升米は正始元（二四〇）年に帯方郡の大守弓遵が遣わした梯儁とともに倭国に帰還している。

この難升米に対して正始六年にすでにみたように魏帝から黄幢が仮授されて帯方郡に付されていた。ところが朝鮮半島では韓人の叛乱があり、正始七年には帯方郡の大守弓遵が敗死するという変事が起こった。したがって、難升米に仮授する予定であった黄幢はそのままで倭国にもたらされる機会はなかった。

†黄幢の転用

正始八年になって、帯方郡の大守王頎が新たに着任することによって、事態は動きだす。倭人伝には以下のようにみえる。

其の八年、大守王頎、官に到る。倭の女王卑弥呼、狗奴国の男王卑弥弓呼と素より和せず。倭の載斯・烏越等を遣わして郡に詣り、相攻撃する状を説く。塞曹掾史張政等を遣わし、因りて詔書、黄幢を齎し、難升米に拝仮し、檄を為りて、之を告喩す。卑弥呼死するを以て、大いに冢を作る……(下略)

正始八年になって卑弥呼が、もともと対立関係にあった狗奴国との戦闘状況を、使者を派遣して郡に報告にきた。そこで郡の大守王頎は郡使張政を派遣して、詔書と黄幢をもたらし難升米に拝仮した。そして檄文をつくって、これを告げ喩した(その相手が卑弥呼であるのか難升米であるかは不明)。

そこで問題となってくるのは、正始六年の難升米への詔書・黄幢が正始八年になって倭国へもたらされて難升米に拝仮されたという点である。それは、朝鮮半島での韓人の反乱、それに対する郡の鎮圧が終わったあと、事態は狗奴国との戦闘を卑弥呼が郡に報告したことが前提となっている。したがって、黄幢の使用目的が変わっている。

佐伯有清[12]は「軍事的に重要な『黄幢』の使用目的が、ときの都合や事態の変動によって、そう容易(たやす)く変えられてしまうものであろうか」「正始六年の難升米の『黄幢』の賜与は、やはり倭の女王卑弥呼と狗奴国の男王卑弥弓呼の対立が激化し、一触即発の状況になっているることにたいするものであったと解すべきであろう」とのべ、朝鮮半島における魏の第二次高句麗征討や韓人の帯方・楽浪両軍への反発、大守弓遵の戦死などが帯方郡から「黄幢」が難升米に届くのを阻(はば)んだ理由であったとしている。

これも一つの考え方であるが、正始六年の時点、おそらくそれより以前のときに倭国からの要請で狗奴国征討への魏の援護がなされたということは考え難いことである。

すでにみたようにこの正始五、六年の時点では、魏や二郡の高句麗―濊との征討も展開しており、正始六年の難升米への黄幢の仮授は、やはりそうした状況に対する倭の軍事動員の目的のゆえとみた方がよい。率善中郎将という蛮夷の軍官長に賜与された称号は、軍事動員の要請という点で冊封体制のもとに組みこまれた倭国に対して一つの義務でもあったからである。

この軍事動員という点について懐疑的な意見をもつ人もいるかもしれない。しかし、朝鮮半島の南部沿岸には海人の倭人がいたことも推測され、「其の北岸狗邪韓国」、すなわち「倭の北岸狗邪韓国」[13]は倭人が制海権を握っていた可能性を示すもの（従って、朝貢もできた）であって、難升米が軍事動員できる条件はあったのではないかと思っている。

したがって、正始八年のときの卑弥呼の対狗奴国との戦闘の報告にもとづいて、郡にとどめおかれた難升米への黄幢が狗奴国との戦闘に転用されたものと考えたい。魏は狗奴国の背後に呉王朝の存在をみていたと思われるので、難升米への黄幢の仮授は自然な転用であったと思われる。朝鮮半島も呉対策もともに魏の対外政策にとって重要な課題であったろう。そのあたりは檄文に明記されていたのかもしれない。

3　狗奴国との抗争と女王壹与の登場

†卑弥呼の死と狗奴国との戦い

正始八年、郡から張政が派遣されてきたとき、卑弥呼はすでに亡くなっていたか、あるいはその後すぐに亡くなったかは議論がわかれる。倭人伝の正始八年の条では、張政が詔書・黄幢をもたらして難升米にこれを仮授し、檄をつくってこれを告喩したとあって、そのあと「卑弥呼以死、大作冢」と続く。この「卑弥呼以死」を㋑「卑弥呼以に死し……」とよむか、㋺「卑弥呼以て死す」、あるいは「卑弥呼死するを以て」とよむかでその意味合いも違ってくる。どちらをとるか、筆者には判定できぬところがあるが、張政が倭国にきて卑弥呼の墳墓の様子はみているはずであるから、張政が来る直前か直後のことであろうと推定される。

ところで、女王国と狗奴国との戦いはどうなったのか。倭人伝にはそのことがみえてこない。それどころか、倭国内では卑弥呼の後継者をめぐって、動乱が展開する。正始八年条には以下のようにみえる。

卑弥呼死するを以って大いに冢を作る。径百余歩、徇葬する者奴婢百余人。更に男王を立てしも、国中服さず。更に相誅殺し、当時、千余人を殺す。復、卑弥呼の宗女壹与、年十三なるを立てて王と為す。国中遂に定まる。政等、檄を以て壹与を告喩す。

卑弥呼の葬送儀礼は、かなり壮大なものになったが、そうした墓前での葬送儀礼の最中、強引に男王の就任が強行されたのであろうが、国中、おそらく盟主女王国（ヤマト国）が中心になって、北九州沿岸諸国（連合体の構成国）も巻き込んで、当時、千余人の殺し合いもあって、再び十三歳の壹与を女王に立てることで争乱は鎮まったということであろう。

それは、ⓐ男王を推進しようとする勢力と、ⓑ女王を継続しようとする勢力との対立であった。すでに狗奴国も畿内邪馬台国（ヤマト国）も前者を志向する国であった。そうした国は、国家体制を専制君主の方向にもっていこうとするものであった。女王国連合体の内部にもそうした男王体制を望む勢力がいたということである。

一方、後者（ⓑ）は連合体制を望む勢力で、従来の歴史的・伝統的な中国王朝との朝貢関係、冊封関係の中で自己の王権を安定的に維持していこうとする勢力であったろう。いわば、王権の後盾に常に中国王朝を意識しなければならないという体制でもあった。すでにみたように畿内ヤマトの邪馬台国は伊都国においた「大率」を通して、ときには女王国連合の国々を脅かす存在であったし、狗奴国は南から女王国を脅かす強国であった。そうした女王国への圧力・脅威もあって、男王を志向する勢力の危機感、動揺があったのかもしれない。

この場合、男王は、卑弥呼の「男弟」であったのか、あるいは難升米であったのか、あるいは第三者であったのかは倭人伝からはわからない。また、この争乱に郡の張政がどう絡んでいたかは興味深い問題である。壹与の擁立によって、「国中遂に定まる」、すなわち争乱がおさまったあと、張政は「檄を以て壹与を告喩す」とあるので、壹与の支持者であったことは確かで、卑弥呼—壹与体制は「親魏」ゆえの当然の支持であったろう。またこの〝檄〟は、引き続き狗奴国との戦闘状態に対して壹与を激励し、その女王就任を祝うというものであったろう。

壹与（イヨ）は、これを臺与（トヨ）の誤りであるとする見解の人も多い。これは邪馬壹国が邪馬臺国の誤りであるという点から、また『梁書』倭伝、『北史』倭国伝、『通典』辺防門、倭条には臺与とあることからの類推であるが、史料的には後代のものであることや臺与としなければならない特別の理由もないから、ここは『魏志』倭人伝に従っておきたい。

†壹与の即位とその外交

この壹与は卑弥呼の宗女とある。宗女は一族の女子をいう。ここでいう一族とは卑弥呼の宗女とあるから、卑弥呼をだした神聖王家のなかからでてきた女性壹与ということで、卑弥呼と同じ司祭・巫女を輩出する王家筋の女性である。

壹与の最初の外交は、帰還する張政らを送り、その足で魏王朝へ朝貢することであった。『魏志』倭人伝の最後は以下のように結ばれている。

壹与、倭の大夫率善中郎将の掖邪狗等二十人を遣わし、政等の還えるを送る。因って臺に詣り、男女生口三十人を献上し、白珠五千孔、青大句珠二枚、異文雑錦二十匹を貢す。

張政の帰還については、正始八年に倭国に来て、翌九年には一応の解決をみて帰国したものと判断したい。壹与は正始四年に魏に派遣された掖邪狗を再び遣使している。そして、帯方郡から魏の都（臺、すなわち都の政庁）へ赴いたのである。ここで魏との関係は終わるのであるが、このあと西晋の時代（二六五年～三一六年）になるが壹与の朝貢がみえる。

魏の元帝は、咸熙二（二六五）年十二月、帝位を司馬炎（司馬懿の孫）に禅譲し、魏は滅び、西晋が建国される（泰始元年と改元）。そして晋の司馬炎（武帝）は、太康元（二八〇）年には、呉を滅ぼして中国統一を成しとげる。

この晋の武帝の即位の翌年の泰始二（二六六）年に壹与の朝貢があった。『晋書』武帝本紀に「泰始二年十一月己卯、倭人来献㆓方物㆒」とあり、『晋書』東夷伝倭人条に「泰始、初遣㆑使重㆑訳入貢」とある。『書紀』神功皇后摂政六六年条にも「是年、晋の武帝の泰初（始）二年なり。晋の起居注に云はく、『武帝の泰初二年十月、倭の女王訳を重ねて貢献せしむ』といふ」とある。泰初は泰始と同じ。起居注とは天子の言行、勲功を記した日記体の記録のことで、この起居注は『隋書』経籍志に「晋泰始起居注二十巻、李軌撰」とある。

したがって、壹与は魏から晋へと新王朝が樹立された翌年、早くも魏時代の外交を継続して朝貢したことになる。壹与は十三歳で即位しているから、このとき三十二歳となっていた。卑弥呼の女王国は壹与によって安定的に引き継がれていたことが窺われる。

ところで、南の狗奴国との対立はどうなっていたのか。そもそも張政の女王国への渡海によって、狗奴国との戦闘は収束したのであろうか。難升米への黄幢、そして檄文は効力を発揮したのであろうか。

これは推測に止まるが、張政の帰還にともない、壹与の朝貢が即なされたのは狗奴国との戦闘が一時、小康状態となったからではないか。その点では、張政の渡海は、黄幢・檄を通して狗奴国との戦闘に対して効果があったのではないか。[14] そして女王国は晋の初め頃までは安定していたと推測される。

4 女王国の行方

†西晋の滅亡と朝貢の途絶

壹与の女王国は、西晋の泰始二（二六六）年の朝貢後、中国史書からは全くみえなくなってしまう。ただ、水野祐[15]によると、晋の泰始二年以後、恵帝の永平元（二九一）年に至るまでの二十五年間に十五回（十八回カ）[16]におよぶ東夷諸国の朝貢、内附の記述があるのに、倭の名が全くみえないのは不思議であるといわれている。

この点は気になるところである。『晋書』帝紀をみると、「東夷二十国朝献」（『晋書』帝紀、太康元（二八〇）年六月）、「東夷二十九国帰化、献二其方物一」（『晋書』帝紀、太康三（二八二）年九月）、「東夷絶遠三十余国来献……」（『晋書』太康十（二八九）年十月、是歳条）などが目につく。これらの記事は、国の数も多いから倭国・倭人も入っているのではないかとも考えられるが確証はない。

晋の時代の東夷の国は、夫余、馬韓、辰韓、弁韓、粛慎氏（挹婁）、倭、その他十カ国あったから合計十六カ国であった。[17]『晋書』東夷伝では、馬韓と辰韓が度々晋と通交関係をもった（馬韓は八回、辰韓は三回）ことが記されている。倭国の一回にくらべるとその回数は多い。榎一雄[18]は東夷の通交の国数が多いのは、馬韓、辰韓、弁辰が複数の国々として晋に通交（朝貢、内附、帰化などがみえる）していたことは疑いないと指摘している（『魏志』韓伝では、馬韓五十余国、辰韓・弁辰は各々十二国とある）。

帝紀にみえる多数の東夷の国々の通交は朝貢のみならず、内附、帰化などもみえるから様々な形での晋との関係がみられ、それだけ朝鮮半島の動きは活発であったわけで、四世紀中頃の百済、新羅の統一につながっていくのである。その意味では、倭人―女王国連合体の半島における存在感は失われつつあったのではないか。朝貢への通路が安全に確保できたかも疑わしい。

この西晋の滅亡は、愍帝の建興四（三一六）年であった。西晋の末期、晋王室の一族八人が中心となって八王の乱（二九一～三〇六年）が起こり政権争いが長引いた。これに乗じて北方遊牧騎馬民族であるモンゴル、チベット系の匈奴・鮮卑などを中心にした五胡が華北を拠点に勢力を強め、匈奴は三一一年都の洛陽を陥し、懐帝を捕え事実上晋は滅びたが、最終的には長安に移った愍帝を捕えて西晋は滅亡した（三一六年）。

女王国にとって重要であったのは、西晋末の三一三、三一四年の楽浪郡、帯方郡の滅亡であった。『三国史記』高句麗本紀には美川王十四年冬十月条に「侵二楽浪郡一、虜二獲男女二千余口一」とあり、続いて十五年秋九月「南侵二帯方郡一」とあって、高句麗によって楽浪・帯方二郡は陥落した。

このように女王国が今までの歴史的、伝統的な対中国関係（朝貢体制）を維持できなくなっていく時代が西晋時代であった。決定的なのは、三一三、三一四年の楽浪・帯方二郡の滅亡であった。朝貢への道が完全に断たれたからである。

†百年の空白

それでは女王国の行方はどのように考えられるか。筆者の場合は、北九州の女王国（ヤマト国）と畿内ヤマトの邪馬台国（ヤマト国）を分離して、別個の国として考えているので、その点了解願いたい。

従来の邪馬台国北九州説の場合、邪馬台国（女王国）は畿内に東遷したとする東遷説を提唱するものが多かった。その場合、壹与の時代の後、例えば三世紀末から四世紀初頃の東遷[19]とするものが多かったと思われるが、近年は壹与の時代の東遷も主張されている[20]。また、狗奴国や投馬国の東遷もあって、東遷説は世間的には人気が高い。

狗奴国東遷については、女王国を倒し九州全体を統一した南九州の狗奴国の東遷を主張する説[21]である。投馬国の東遷については、女王国連合体の解体過程のなかで、異質な性格（原始封建主義）をもっていた投馬（つま）国（日向の妻（つま）の地）が東征したとするもので、神武東征伝説とかさねあわせで論じられている[22]。

総じて、邪馬台国東遷説の主張者に共通しているのは、神武天皇東遷（東征）説話への共鳴であろうか。いわば、その説話を後年の記・紀編者の全くの造作・作為とみずに、そこになんらかの歴史的事実が反映されていると考える立場である。筆者も歴史過程に征服、移動などの大事件をみることが必要であると感じている。そう考えないと歴史が動かないということもあろう。ただ、神武東遷（征）説話については、神武天皇が実在性のある天皇なのか、あるとすればその年代はいつ頃の天皇なのか、また実在性のない天皇とすれば、いつ頃、どのような事情で帝紀・旧辞に定着するようになったのか、その実証研究はあまり進んでいない。

女王国の行方について、東遷説と反対の立場にあるのが畿内ヤマトの初期ヤマト政権（のちのヤマト王権、ヤマト朝廷）が九州の女王国（従来の邪馬台国）を征服したという説である。この見方は、邪馬台国九州論者のなかでは常識的なものであると思うが、邪馬台国（女王国）の敗北というシナリオであるから世間一般には人気はない。

この説の背景にあるのは、三世紀後半から四世紀後半の時代の倭人・倭国の中国史料での空白をうけ、「謎の四世紀」・「空白の四世紀」とよばれている時期の問題で、四世紀後半になると朝鮮半島に畿内のヤマト政権がその姿を現すのである。すなわち、四世紀後半になると、倭国（ヤマト政権）は、百済と通交関係を結びながら朝鮮半島に進出していくのであるが、史料論的には石上（いそのかみ）神宮の七支刀銘文（しちしとう）、高句麗好太王碑文（こうたいおう）、『日本書紀』の神功皇后紀や応神天皇紀にみる「百済記」を素材にした記事、さらに朝鮮側の史料としての『三国史記』新羅本紀のなかの倭兵・倭人関係の記事などを通して史実の確定のできる時代になってくるのである。

したがって三世紀後半から四世紀後半の百年ほどの空白をどう埋めていくか、この間、女王国（邪馬台国）になにが起こったのかは依然として謎であるし、この辺は実は『古事記』『日本書紀』の活用なくしては前に進めない側面があるのである。しかし、同時にそれは記・紀批判という実証レベルの課題がある。もちろん、考古学の成果は活用しなければならないにしても、考古学の成果を組み立てる（構想する）基本線（骨格）はどうしても記・紀の活用ということにならざるをえない。

†祖禰伝承と九州西征

『宋書』倭国伝をみると、宋の最後の天子の順帝の昇明二（四七八）年に、倭王武（雄略天皇に比定されている）が遣使し、上表文を奉（たてまつ）っている。

封国は偏遠（へんえん）にして、藩を外に作（な）す。昔より祖禰（そでい）躬（みずか）ら甲冑を擐（つらぬ）き、山川を跋渉（ばっしょう）し、寧処（ねいしょ）に遑あらず。東は毛人（もうじん）を征すること五十五国、西は衆夷（しゅうい）を服すること六十六国、渡りて海北を平ぐこと九十五国……（下略）。

ここでは、武以前の祖禰（祖先、父祖）の王たちが、東西にわたって征討活動をくりひろげ（王の親征）、その結果、海北（朝鮮半島）まで進出していったことが語られている。

こうした王たちの親征があったとすれば、記・紀ではさかのぼって、景行天皇（倭建命もふくめて）、仲哀天皇（神功皇后）の代しかみあたらない。いわば雄略天皇の認識の中に自分たちの祖先の景行天皇そして倭建命の東西征討の話、あるいは仲哀天皇、神功皇后のクマソ、朝鮮半島への征討の話（骨子・原形）が伝承されていたことになる。[23] もちろん、上表文の毛人五十五カ国、衆夷の六十六カ国、海北の九十五カ国の国数がどこからでてきたのか議論のあるところであるが、〝祖禰伝承〟の方向が景行・仲哀・神功皇后の三人の王たちの時代を示していることは認められなければならないだろう。そして、右の〝祖禰伝承〟が女王国の滅亡にからんでいるとすれば、景行天皇の、さらに仲哀天皇・神功皇后の九州西征・巡行説話が問題となる。

この点を『書紀』の活用によって分析したのは若井敏明[24]である。若井は九州北部にあった邪馬台国（女王国）が畿内の大和政権によって滅ぼされる過程を二段階に分けた。第一段階は景行天皇の九州遠征で、このときは九州の中南部でクマソ（狗奴国）を中心に展開されたもので、北部九州、福岡平野には侵入することができなかった。第二段階は仲哀・神功皇后のときで、この段階で北部九州に侵入して邪馬台国の本拠地であった筑後国山門県の田油津媛（倭国の女王とみる）の誅殺をもって、畿内大和政権の九州遠征（制圧）は完了したという。

右の山門県の田油津媛（『書紀』神功皇后摂政前紀）については、早くからこのヒメを邪馬台国の卑弥呼の後裔とみて、このヒメの誅殺をもって実質上、邪馬台国—女王国の滅亡とみる見解はあった。

ただ、『書紀』の活用は難解であって、まず景行や仲哀の時代がいつ頃のことか、『書紀』の編年は、五世紀半頃の雄略天皇以前は信憑性は薄く、雄略以降、ようやく朝鮮側の史料（『三国史記』）とも一致して客観性がでてくる。したがって、はるか三、四世紀の時代の天皇の実年代を確定する紀年論の問題はいろいろな私案がだされているものの今後の課題ということで残されている。また『書紀』（『古事記』も同じであるが）の景行天皇、仲哀天皇、神功皇后の説話・物語も後世の造作、作為、潤色を強くうけているはずであるから、史実の核を復元することは今は仮定、推測の域を出ない。しかし、そうはいっても、記・紀の伝承・物語を単なる後代の造作・作為ということで切りすてるのでなく、いわば仮説や構想を積極的に提示していく必要性はあるのではないか。

近年、考古学の成果をみると、考古学によって記・紀の伝承・説話を生かせる条件はととのってきたように思える。

注

(1)『書紀』神功皇后摂政三十九年条には「景初三年」、『梁書』倭伝(唐代)にも「景初三年」とみえる。

(2) 岡田英弘『倭国』第三章、中公新書、一九七七年。渡邉義浩『魏志倭人伝の謎を解く』四一ページ以下、中公新書、二〇一二年。

(3) 橋本増吉『邪馬台国論考3』四三ページ。

(4) 宣帝の称号は、孫の司馬炎(晋の武帝)の追贈。

(5) 佐伯有清『魏志倭人伝を読む 下』一八〇ページ。

(6) 藤堂明保他全訳注『倭国伝』。

(7) 佐伯有清『魏志倭人伝を読む 下』一三八、一三九ページ。

(8) 渡邉義浩『魏志倭人伝の謎を解く』九三ページ。

(9) 水野祐『評釈　魏志倭人伝』第二十六段、五四八ページ。

(10) 佐伯有清『魏志倭人伝を読む 下』一四四ページ。『魏志』斉王芳紀の正始七年五月条参照。

(11) 水野祐『評釈　魏志倭人伝』五五〇ページ。渡邉義浩『魏志倭人伝の謎を解く』九一ページ。

(12) 佐伯有清『魏志倭人伝を読む 下』一四七、一四八ページ。

(13) 水野祐『評釈　魏志倭人伝』第二段、一二二ページ。

(14) 水野祐は、張政のもたらした黄幢と檄は狗奴国との内戦に対して大きな効果をはたし、両国は停戦に合意したという。ただ、水野は狗奴国は魏にも朝貢したとみている。『評釈　魏志倭人伝』第二十九段、三十二段参照。

(15) 水野祐『評釈　魏志倭人伝』六一八ページ、また六一四〜六一七ページの一覧表参照。

(16) 太田亮『漢・韓史籍に顕はれたる日本古代史資料』の「晋書」帝紀による。また、井上秀雄『古代朝鮮』七五ページの『晋書』にみえる晋と東方諸国との関係表を参照のこと。

(17) 榎一雄『邪馬台国』(改訂増補版)一四八、一四九ページ。

(18) 前掲(17)に同じ。

(19) 榎一雄『邪馬台国』二二一〜二四〇ページ。

(20) 大和岩雄『新邪馬台国論』大和書房、二〇〇〇年。奥野政男『邪馬台国は古代大和を征服した』JICC出版局、一九九〇年。森浩一『古代史の窓』新潮文庫、一九九八年。

(21) 水野祐「結語　女王国の行方と王朝交替論」(『評釈　魏志倭人伝』)。

(22) 牧健二「神武東征伝説の史実性試論」(「史林」37〜5、一九五四年九月)。

(23) 中村啓信(ひろとし)『新・古事記物語』二二四〜二二七ページ、講談社学術文庫、一九八七年。

(24) 若井敏明『邪馬台国の滅亡』一四六ページ、吉川弘文館、二〇一〇年。

第八章

邪馬台国の時代とその行方

1　邪馬台国と初期ヤマト政権

†前方後円墳体制をどうみるか

筆者は、倭人伝の邪馬台国を畿内ヤマトの「ヤマト国」と考えた。そして、この邪馬台国は、初期ヤマト政権として、ヤマト王権に連続していく。このことは、古墳時代の開始が三世紀末・四世紀初頃から約五十年ほど遡って三世紀中頃になった、すなわち邪馬台国の時代に入りこんできたことをふまえてのことである。

そこでこの時期の倭国における国家形成史論について考えてみたい。

図10は、白石太一郎の古墳時代前期初頭の西日本における出現期の古墳の分布図である。畿内ヤマトの大前方後円墳箸墓古墳（全長二百八十メートル）を中心に、吉備地方、さらに北九州にも前方後円墳がのびているのが特徴である。時代は、卑弥呼の没年（二四八年）、すなわち三世紀半頃と考えられている。

白石は、この前方後円墳を中心とした拡（ひろ）がりを広域の政治連合が形成されたものとみて

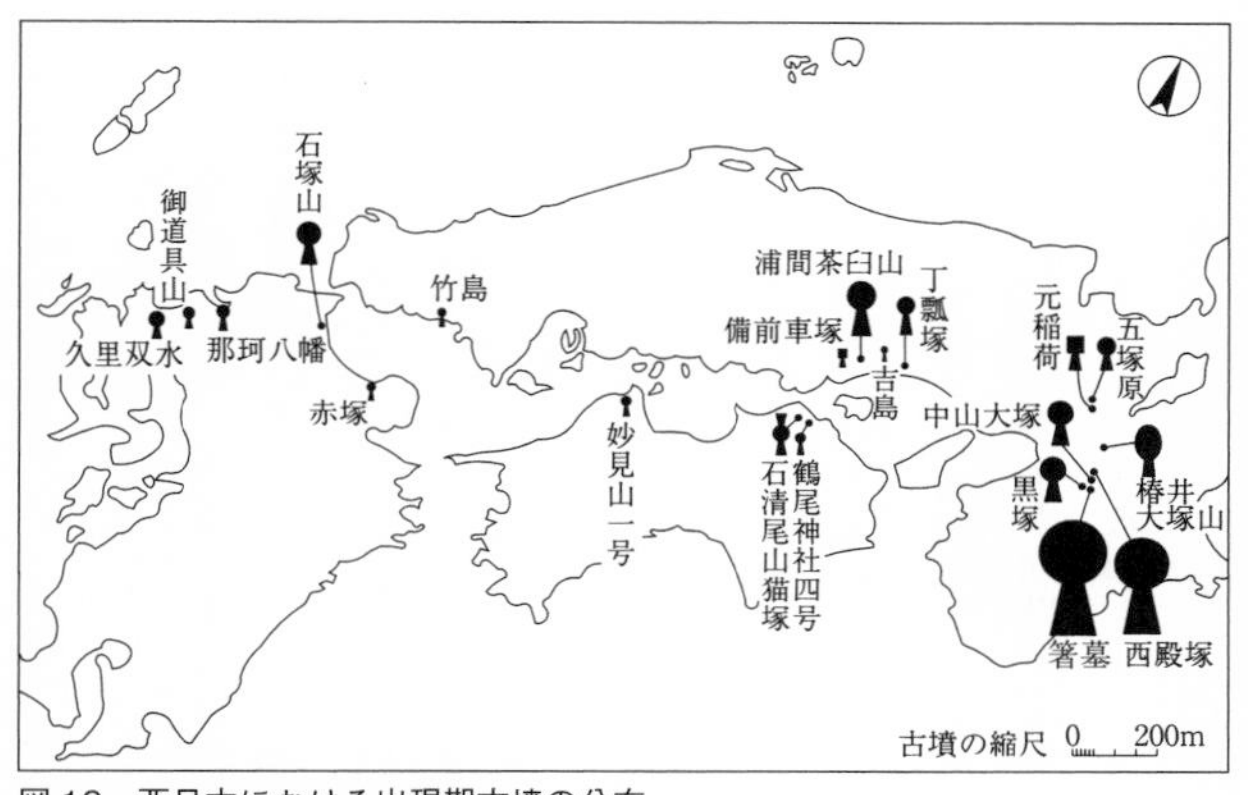

図10　西日本における出現期古墳の分布
白石太一郎『古墳とヤマト政権』（文春新書、1999年）より

いる。それは、ヤマト政権とよばれる新しい政治連合の成立に他ならないといわれている。[1]

こうした前方後円墳の分布は東日本にも展開し、畿内ヤマトを中心とした全国的レベルでの体制、ヤマト王権の成立となっていくのであるが、この前方後円墳の体制を国家形成史としてどのような意味づけをもって位置づけるか。これには諸説ある。

A　連合・同盟説。これは各地域の政治勢力（部族あるいは首長）が畿内ヤマトを中心として全国レベルで連合もしくは同盟を結んで政治的秩序を形成しているという説。これは、時代区分としては、この体制を部族連合（同盟）段階、あるいは首長連合段階、すなわち未開の上段、国家未成立の段階（エンゲルスの『家族私有財産及び国家の起源』参照）とみる見解である。この見解は、同盟・連合というときにいったい誰に対する連合・同盟なのかよくわからない。また、全国的レベルの連合・同盟がありうるのか。疑問である。なお、筆者は倭国の国家形成史の理論に「部族」連合をもちこむことには賛成できない。(2)

B　地域政権（国家）論。これは、各地域の政治勢力（有力首長）が畿内のヤマト政権（国家）と同質の一つの政権もしくは国家を形成して（例えば出雲政権、吉備政権、毛野政権、北九州政権等々、これを王国と表現する者もいる）併存していたが、やがてそれらは中央のヤマト政権（国家）によって統一されたとするもの。(3)いわば、巨大な前方後円墳を築造した地域を一つの政権、国家もしくは王国と規定して、その地方の主体性・独自性を認めていこうとするものである。この説をとるものは考古学者に多い。ただ、そうした多数の政権・国家の併存を全国的に認めることができるのか、諸国家（政権）間の統一戦争があったのか、各地域の国家（政権）が国家としての体（態）を成しえているのか等々、疑問も多い。

C　分封制論。各地の前期・中期の前方後円墳の大半は封国の国造、王領の県主らが造営した墳墓である。すなわち、王権による地方の征服――その征服地の支配者として派遣された将軍（国造、県主）たちがその土地で自分の墓をつくったとする将軍分封制論である。(4)

これは古墳をすべて在地性のあるものとして固定化してしまうものでなく、先進文明をもつ中央の王権の力、伝播力を認めていこうとする点において興味深い。

この点では少々細かくなるが、例えば、上毛野の地（のちの上毛野君）にヤマト王権から分封されたワケ（別）王族の下向が大前方後円墳などに体現されていることを論じたことがある。(5) 同じく、稲荷山鉄剣銘文にみえるヲワケ臣の祖のワケ氏は、オホビコ（後に孝元天皇の御子につながる）につながる中央豪族であるが、北武蔵の地（埼玉古墳群の地か）に下向土着したものと考えた。(6) こうしたヤマト王権につながる王族・中央豪族（ワケ号を帯びる）の下向・土着化は前期の前方後円墳の場合、案外多いのではないか。(7)

ただ、こうした分封制が全面的にヤマト政権の征服戦争の結果であったと断定してしまうことには賛成できない。日本の国家形成史の実情は、朝鮮半島にみる激しい政治勢力間の対立・抗争の展開したもののようには思えないからである。またその分封をもって後代の国造・県主の政治制度に結びつけてしまうのも時期的にみて記・紀の史料批判が必要であろう。

D　前方後円墳国家論。これはこの古墳時代が未開末期の首長制連合（同盟）段階の時代でなく、文明の国家段階にふみこんだ時代であること、すなわち国家の成立を積極的に認めるとともに中央のヤマト政権の統一的政治的統合力の強さを重視する見解である。[8] 考古学者に支持をえている見解でもある。筆者もこの時代に国家段階を認めることは賛成である。

この説をもう少し具体的にみておこう。ⓐカバネ（姓）と墳形の相関関係から国家的身分制秩序としての前方後円墳体制論。[9] ⓑ都出比呂志は、国家形成史を弥生時代の首長制社会→古墳時代の初期国家段階→律令制社会の成熟国家と段階区分をしている。[10] いわば前方後円墳国家論である。ⓒ筆者の人的結合国家論。[11] 筆者は、前方後円墳を築造した地方の有力首長が政治的・経済的、とくに交易上の利害から中央のヤマト王権に求心的な形で結合して、大王との間に人的（機構的でなく、人と人との関係）な支配—隷属関係を形成していたとみる。それは、各地の前方後円墳を築造した有力首長の支配領域（クニ）を中央のヤマト王権が組織化、制度化する以前の段階の全国的な体制とみている。

2 崇神・垂仁・景行天皇の実在性とその伝承をめぐって

†初期の天皇はどの代から実在していたか

邪馬台国＝初期ヤマト政権の時代は、天皇の代でいえば、王統譜十代、十一代、十二代の崇神・垂仁・景行天皇の時代とみている。その宮都は纒向遺跡であったと考えられる。記・紀にみる歴代天皇については、とくに初期の天皇群（皇統譜初代神武天皇から十四代仲哀天皇）については、その実在性が疑われてきた。

表3のC、十五代応神天皇以降は実名（皇子の名）が伝わっており、学界でも実在性のある天皇群として認められている。またDの安閑（あんかん）天皇以降は実の名とともに和風諡号（しごう）（日本風のおくり名）が伝わっており、それは殯宮（もがりのみや）儀礼で献呈されたものとみられている。またAは一般的には実在性のない天皇群と考えられており、その呼称は美称・尊称を重ねたものであって、その美称・尊称も後代の天皇のそれからとったといわれている。

例えば、七代孝霊、八代孝元、九代開化の〝ヤマトネコ〟は後の律令時代の文武（もんむ）天皇のヤマトネコ、女帝の元明（げんめい）・元正（げんしょう）天皇のヤマトネコからとったものとされている。また、六代孝安のタラシヒコは、後のDの舒明（じょめい）・皇極（こうぎょく）天皇のタラシヒ（コ）、タラシヒメからとられたものと考えられている。『隋書』倭国伝の国書に倭王をアメノタラシヒコと自称して

群	代	天皇	呼称（名前）
A	1	神武	カムヤマトイワレヒコ。
	2	綏靖	カムヌナカハミミ。
	3	安寧	シキツヒコタマテミ。
	4	懿徳	オホヤマトヒコスキトモ。
	5	孝昭	ミマツヒコカエシネ。
	6	孝安	オホヤマトタラシヒコクニオシヒト。
	7	孝霊	オホヤマトネコヒコフトニ。
	8	孝元	オホヤマトネコヒコクニクル。
	9	開化	ワカヤマトネコヒコオホビビ。
B	10	崇神	ミマキイリヒコイニエ。
	11	垂仁	イクメイリヒコイサチ。
	12	景行	オホタラシヒコオシロワケ。
	13	成務	ワカタラシヒコ。
	14	仲哀	タラシナカツヒコ。
C	15	応神	ホムタワケ。オホトモワケ。
	16	仁徳	オホサザギ。
	17	履中	イザホワケ。
	18	反正	ミヅハワケ。
	19	允恭	ヲアサヅマワクゴノスクネ。
	20	安康	アナホ。
	21	雄略	オホハツセノワカタケ。
	22	清寧	シラカノオホヤマトネコ。シラカノタケヒロクニオシワカヤマトネコ。
	23	顕宗	ヲケ。イハスワケ。クメノワクゴ。
	24	仁賢	オケ。オホス。オホシ。シマノイラツコ。シマノワクゴ。
	25	武烈	ヲハツセノワカサザギ。
	26	継体	ヲホド。ヒコフトニ
D	27	安閑	ヒロクニオシタケカナヒ。マガリノオホエヒロクニオシタケカナヒ。
	28	宣化	タケヲヒロクニオシタテ。
	29	欽明	アメクニオシハルキヒロニハ。
	30	敏達	ヌナクラフトタマシキ。
	31	用明	タチバナノトヨヒ。
	32	崇峻	ハツセベノワカサザギ。ハツセベ。
	33	推古	トヨミケカシキヤヒメ。
	34	舒明	オキナガタラシヒヒロヌカ。
	35	皇極	アメトヨタカライカシヒタラシヒメ。
	36	孝徳	アメヨロヅトヨヒ。
	37	斉明	アメトヨタカライカシヒタラシヒメ。
	38	天智	アメミコトヒラカスワケ。
	39	天武	アマノヌナハラオキノマヒト。
	40	持統	タカマノハラヒロノヒメ。

表3　記・紀にみる天皇の呼称（名前）

いるのをみてもその後代性を示すものと考えられている。さらに初代と二代の神武と綏靖天皇にはカム（神）がついていて神話的人物であるとされる。

そこでBグループがここでの問題となる。従来の見解では、十代崇神と十一代垂仁天皇はイリヒコの名辞（称号）をもっている点で実在性のある天皇とされている。このイリの名辞は後代の天皇名にはなく、また崇神・垂仁・景行天皇の皇族名にも多く現れている点でも独自性の強い名辞であるとされていて、イリヒコゆえに崇神・垂仁天皇の実在性が主張されてきた。Bの三人目の景行天皇のタラシヒコは後代に（推古朝頃）附加されたものだが、オシロワケはCの五世紀代に入っての応神天皇のホムタワケ以降のワケ号を帯びており、この点で五世紀につながる名辞をもっているとして信頼性がおけるとされている。

問題となるのは、十三代成務（せいむ）と十四代仲哀天皇で、どちらもタラシヒコを帯びており後代の追号とされている。したがってこの二代は実在性のない天皇とみる論者も多い。

全体的に天皇の呼称（名前）には実名、幼名、通称、尊号、追号、諡号などがあり、それらが混在化しており、その研究もあまり進展していない。ここでは、Bに絞って複名という視点から考えてみたい。

†崇神以降の天皇には実在性がある

Bの天皇名は、称号と実名（諱（いみな））の組み合わされた複名[12]（称号が上位で実名が下位にある）となっている。いわば、崇神の場合はイニエ、垂仁はイサチ、景行はオシロ（ワケは追号か）、が各々実名ということになって、それらは伝承化され、王統譜の中で伝えられてきたと思われる。

このことを考える上で注目したいのは、『書紀』継体天皇二十四年二月条にみる「イニエと大彦」である。

詔して曰はく「磐余彦の帝、水間城の王より、皆博物の臣、明哲の佐に頼る。故、道臣謀を陳べて、神日本以ちて盛なり。大彦略を申べて、胆瓊殖用ちて隆にましましき……（下略）

右の記事では、二人の「ハツクニシラス天皇」である初代神武と十代崇神以来、博物で明哲な臣下の補佐によって、その隆盛が保たれてきたことがのべられている。

この詔は、『書紀』編纂時、中国の古典（『芸文類聚』など）をふまえて記述されたものであるが、注目したいのは「ハツクニシラス天皇」として初代の神武の外に十代崇神が取りあげられている点である。

詔が全くの造作・作文ではなく、この詔にはイニエ（崇神）が大彦（オホビコ）を有力な臣として重用したという伝承が核となっているとみられる。大彦は稲荷山古墳出土鉄剣銘にもヲワケ臣の始祖として名をあらわす人物であるが、四道将軍伝説の一人として高志（こし）（北陸道）に派遣されている。初代のハツクニシラス天皇である神武以前に十代のハツクニシラスである崇神の方が先行したハツクニシラスの王として伝承されてきたことは一般に指摘されていることである。[13] そして、ここでは崇神の実名（諱）の「イニエ」が「オホビコ」と一対となって伝承されてきたものと思われる。神武が「ハツクニシラス」の王としてはっきりと姿を現してくるのは、この継体王朝時代頃である。

問題は、成務、仲哀天皇の場合、実名☒がぬけおちてしまっている。しかし、これは実在性のない天皇だと考える理由にはならない。ワカタラシヒコ、タラシナカツヒコの称号（尊称）が上位にあるのは、まず☒の実名が先にあって、そのあとタラシ系が追号されて複名になったのであるが、実名を敬避する歴史過程の中でそれが抜け落ちてしまった

B	称号（尊称）	実名
崇神天皇	ミマキイリヒコ	イニエ
垂仁天皇	イクメイリヒコ	イサチ
景行天皇	オホタラシヒコ	オシロ　ワケ
成務天皇	ワカタラシヒコ	☒
仲哀天皇	タラシナカツヒコ	☒

表４　崇神〜仲哀天皇の称号と実名

と考えるべきであろう。それは王統譜から帝紀に定着する過程の中で抜け落ちたとも考えられる。それが実在性の有無に関係しないのは、⊠を造作・作為することは容易なことであったろうが、それをしなかったのは二人は実在性のある天皇として伝承されてきたからであろう。この二人の天皇の場合、『古事記』には崩年干支が伝えられていることも考慮されるべきであろう。

以上から筆者は、複名という視点によってBの天皇群はみな実在性のある天皇と判断した。従来の見解では、崇神と垂仁はイリヒコを名辞としてもっているがゆえに実在性があるとみなされてきたが、イリヒコ（ヒコをより尊厳的に讃えた称号か）というのも実名を敬避するために付加された尊称であると理解できる。[14]

3　崇神天皇の実年代をめぐって

†なぜ応神以前の天皇は長寿なのか

『古事記』は編年体史ではないので、例えば崇神天皇はいつの時代の天皇なのかはわからない。一方、『書紀』は編年体史となっているが、崇神天皇はその崩年が辛卯の年、前漢の成帝の建始(けんし)三年(紀元前三十年)にあたる。

一般的にいわれているように、雄略天皇以前のとくに初期天皇群の紀年は著しく上方に延長されており、その紀年(年代)の信憑性はない。よくいわれているのは、雄略以後は朝鮮側の史料とも一致してくる。例えば、『書紀』雄略天皇五年六月条に島君(武寧王(ぶねいおう))の筑紫での出生記事があるが、この武寧王は百済の公州で発見された王陵の墓誌銘に「百済斯馬(しま)王年六十二歳、癸卯年(五二三)五月」の崩御の記銘がみえ、『書紀』雄略五(四六一)年の出生記事に一致する。しかし、雄略以前は、紀年が中国、朝鮮関係の史料と一致せず、『書紀』の年紀(年代)は大分、上方に押しあげられている。神功皇后の年紀で一二〇年(二運)ほどの開きが朝鮮側の史料(『三国史記』)との間にあることはよく知られている。また、初代神武天皇の即位が辛酉(しんゆう)年で、これは中国での周の恵王十七年、西暦紀元前六六〇年になることは有名である。

表1(第三章2)の『書紀』をみるとわかるように十五代応神天皇以前、初代神武天皇までの年齢(これを宝算とか、聖寿と記す書物もある)は百歳をこえる長寿の天皇が多く、異常である。平均九十六歳となる。どうしてこんな長寿の天皇が出現したのかというと、従来

の説では、『書紀』の編年において歴代天皇の在位年数を引き伸ばした、延長したからだといわれている。この在位年数は仁徳天皇以前、神武天皇まで平均六十二年弱と異常である。『書紀』の編年体史を編年しているのは歴代天皇の在位年数であるから、この在位年数を延長するという作為によって長寿の天皇が現れたという。ところが歴代天皇の在位年数と長寿とはかならずしも対応していない。在位年数をのばしたからといって長寿の天皇が生まれてきたというわけでもない。これは『古事記』の天皇をみると、応神以前神武天皇までの歴代天皇の平均年齢は『書紀』より長く九十九歳となる。これは、長寿の天皇は、年齢長寿の論理によって展開したのであって、在位年数の作為とは関係のないことを示している。

従来の見解は、紀年延長（在位年数の延長）は、中国の予言の類である讖緯説の辛酉革命説によって、日本の歴史を古くみせようとしてなされたものであるとされてきた。すなわち、推古天皇九（六〇一）年の辛酉の年から一蔀（二十一元、一元は六〇年）の一二六〇年遡らせた辛酉の年を初代神武天皇の即位年としたもので、干支の辛酉年は大きな社会的変革、革命が起こるという思想にもとづくものといわれている。いわば、聖徳太子の時代（「天皇記」「国記」の編纂の時代）に辛酉革命説にもとづいてその構想がなされたものとされている。

しかし、この辛酉革命説は、辛酉の年に社会的に大きな変革――変事や災異にも通ずる――が起こるというものであるから、とくにそれがもてはやされた思想というものでなく、むしろ、その社会的変革（革命）―災異を避けるために注目された思想であった。平安前期の文章博士三善清行（みよしきよゆき）の「革命勘問」（九〇一年に上奏）によって昌泰から延喜に改元され、以後江戸末期まで辛酉の年次になると改元が行われるようになったのは辛酉の年に起こる災異―変革を未然に防ごうとすることからきている。したがって、辛酉年に即位したのは神武天皇のみであって辛酉に特別な意味があったとは思われないのである。明確な王朝交替のない日本において〝革命〟思想が歓迎されたとは思われない。

✝歴代天皇の長寿伝承

実は、神武天皇紀の干支紀年で重要なのは辛酉ではなく、『書紀』の編年上最初の年紀（干支）となる「太歳甲寅」である。注意すべきは、『書紀』では通例歴代天皇の即位元年条の末尾に「是年（このとし）、太歳〇〇」というように〇〇（干支）を記すのであるが、神武天皇の即位年にはそれがなく、代わりに日向から東遷開始の年に「是年、太歳甲寅」と記されているのである。

詳細は省くが[15]、太歳甲寅は十干を記すに甲を先とし、十二支を記すに寅を先にする(『爾雅』)という太歳干支の始元であり、秦の始皇帝の天下統一の時代から前漢武帝の太初元(前一〇四)年まで使用されたとされる古暦の顓頊暦の暦元でもあったことから天皇の暦運始元にふさわしいものとして採用されたものであろう。問題は神武の即位年が辛酉となっていることであるが、それが辛酉革命説によるものでないとすると、東遷(征)物語が甲寅から始まって、甲寅―乙卯―戊午―己未―庚申―辛酉として八年間(甲寅〜辛酉)で完結させているのは、東征期間の八年間の伝承があり、干支の順番で神武天皇の即位年がたまたま辛酉年となったということですませることもできる。一方、辛酉や戊午の干支に特別な関心があって(例えば、『詩緯』の宋均注では戊午の年、辛酉の年、戊午の日、辛酉の日が重要な干支として特記されている)のことから採用されたものかもしれない。

以上から考えてみて、従来主張されていた辛酉革命説による初代神武天皇の即位年の確定(推古九年辛酉から一蔀=二十一元、一二六〇年遡らせる)→在位年数の延長→長寿の天皇の出現という論理は成りたたない。

『古事記』をみても(第三章2の表1参照)、長寿の天皇と在位年数は関係はない。すでに三品彰英[17]が指摘しているように長寿の天皇の出現は老齢に神聖で異常な敬意を感ずる古代社会の特性（神仙思想の影響も加わる）に出ずるものであった。『古事記』をみてもまず時間的に宝算（年齢）記事の方がより古く成立し、治世（在位）年数がその後に出来たことが推定される、『古事記』では雄略以後、顕宗天皇にいたってはじめて治世年数がみえると三品はいう（第三章の2の別表参照）。そして『書紀』編者が紀元を古くもっていくために、それ以前から伝えられていた列聖（歴代）の長寿のことが好都合な補助史料となったかもしれない。すなわち、三品によれば辛酉革命説なるものは、紀年延長のために設定されたとしても、それは歴代長寿の天皇の伝承が好都合な補助資料となったものであるとしている。

この三品説を筆者流に敷衍すると、『書紀』の紀年が不自然に上方に押しあげられているのは、辛酉革命説にもとづく作為でなく、歴代天皇の長寿伝承に根本的な原因があった。『書紀』の史官は統一的・体系的紀年（いわゆる編年体史）を設けるときに、古伝として伝えられてきた長寿の年齢を変更することはできなかったのである。すなわち、長寿の年齢を削ったり、新しい天皇を造作したりして、延びすぎた紀年（年数）を合理的に調整することはしなかったのである、古伝として尊重したわけである。

†『日本書紀』の紀年是正方法

『書紀』の延びすぎた紀年を是正する方法はいろいろ工夫がなされてきたが、これといった正解はえられていない。その方法のなかで有力なものは、(A)実際に即位した実在性のある天皇の在位年数の平均による修正、(B)『古事記』の崩年干支(ほうねんかんし)による方法があげられる。

(A)では、後代の確実な時代の天皇、また諸外国の帝室の例も参照しながら平均在位年数を割りだしたもので、橋本増吉[18]はこれを二十年、安本美典(やすもとびてん)[19]は三～八世紀の平均在位年数を一〇・七七年とみている。ちなみに『書紀』の神武天皇から雄略天皇までの在位年数の平均は五四・二年となる。この方法はあくまで平均であるから、個別具体的に各天皇の推定年代が割りだせるわけではない。各天皇によってその在位年数の長さに長短があることは言うまでもない。橋本説と安本説では二倍近くの差がある。

(B)の方法は、研究史的にみても古くさかのぼるもので、支持の多い説であるが、一方その信憑性をめぐって否定論も多い。

崩年干支の信憑性については、本居宣長が『書紀』の年紀によらない甚だ古きもので、かならず古書に拠り所があるとされた(『古事記伝』二十三巻)。研究史をみると、この崩年

代	天皇名	古事記崩年干支	書紀崩年干支	倭五王の遣使	倭王名
16	仁徳	丁卯 427	己亥 399 （313〜399）	○義熙 9 年　413（伝、本紀） 永初 2 年　421（伝） 元嘉 2 年　425（伝）	讃（？） 讃 讃
17	履中	壬申 432	乙巳 405 （400〜405）	◉元嘉 7 年　430（本紀）	倭国王
18	反正	丁丑 437	庚戌 410 （406〜410）	元嘉 15 年　438（本紀） （伝）	珍
19	允恭	甲午 454	癸巳 453 （412〜453）	元嘉 20 年　443（伝） 元嘉 28 年　451（伝）	済 済
20	安康		丙申 456 （453〜456）	◉大明 4 年　460（本紀） 大明 6 年　462（伝）	倭国 興
21	雄略	己巳 489	己未 479 （456〜479）	◉昇明 1 年　477（本紀） 昇明 2 年　478（伝） ●建元 1 年　479（伝）	倭国 武 武

表5　倭五王の比定

（注）○義熙 9 年は、「晋書」本紀（安帝紀）では倭国方物を献ずとあり、『南史』倭国伝や『梁書』倭伝では倭王讃とある。遣使には疑問の見解も強い。
◉倭国王、倭国とあって王名は不明。
●建元 1 年のものは、『南斉書』倭国伝のもので、遣使はなく、単に進号のみの記事の可能性が高い。
※書紀崩年干支の下の（　）は、西暦による在位期間。

干支の荷担者を帰化人の伝承とみる見解(20)や成書化された王暦ともいうべき記録があって、太安万侶(21)が分注形式で書き加えたものとする説もある。筆者(22)も信憑性のあるものとして議論した。

詳しい議論は拙著をみてもらいたいが、仁徳天皇以降はほぼ信頼性があると判断される。まず、安閑・用明・崇峻・推古天皇の崩年干支は、『書紀』の崩年干支に一致する。また、敏達の場合は、一年のズレがあるが、こうしたことは起こりうることで、前後の天皇の治世年数や称元法の違い（当年称元法か越年称元法かの違い[23]）でズレが生じる場合がある。継体天皇の場合は、安閑・宣化―欽明朝の対立、内乱ということがいわれており、紀年の混乱は避けられないものがあったろう。継体の崩年干支については、『書紀』が日本側の史料によらずに朝鮮側の史料『百済本紀』によって辛亥年（継体天皇二十五年）を特定しているという事情も考慮に入れなければならない。

仁徳から雄略までの間は、ちょうど倭五王の段階にあたり、『宋書』倭国伝におけるその五王の遣使年代と『古事記』の崩年干支の年代とは、ほぼ対応する。ところが『書紀』の当該の天皇の崩年干支とではズレがでてくる（表5参照[24]）。

†崇神天皇の崩年干支「戊寅」

最後は『古事記』の中巻にあたる十代崇神から十五代応神天皇までの崩年干支であるが、これらの信憑性を論証することはむずかしい面が多い。

ここでは邪馬台国論に関して問題となってくる崇神天皇の崩年干支「戊寅（ぼいん）」についての み論じておきたい。そこでは崇神の「戊寅」を二五八年とするか、三一八年とするかの大きな論点がある。西暦に換算する場合、確実な目安となる推古天皇の崩年干支戊子（六二八年）を基点に順次さかのぼって一運（六〇年）内で各天皇の崩年干支をたどっていくのであるが、そうすると、崇神の戊寅は三一八年となるが、戦前はもう一運さかのぼらせて二五八年とする説が強かった。

どちらが妥当か。これをⒶ二五八年説に立つと、垂仁・景行・成務の三朝の在位年数の合計は九十七年になり、その平均在位年数は(1)三十二年となる。これをⒷ三一八年の戊寅とすると三朝で合計三十七年となり、三代の平均在位年数は(2)一二・三年ほどになる。これを仲哀天皇を加えて四朝とすると、Ⓐ二五八年戊寅説では四朝合計百八年となり、平均在位年数は(3)二十七年となり、Ⓑ戊寅三一八年説では四朝合計四十二年で、平均在位は(4)一〇・五年となる。

また、二十一代雄略天皇の末年四七九年とすると、Ⓐ崇神の戊寅二五八年説では、さかのぼって十一代となり、その合計は二二二年で、一代の平均在位年数は、(5)二十年となる。これをⒷ三一八年の崩御とすると、十一代合計は百六十二年となり、一代平均は(6)一四・八年となる。

以上の在位平均年数を比較して優劣をつけることはなかなかむずか

天皇名	崩年干支	Ⓐ	Ⓑ
10代　崇神	戊寅	258年	318年
11代　垂仁	—		
12代　景行	—		
13代　成務	乙卯	355年	355年
14代　仲哀	壬戌	362年	362年

表6　崇神〜仲哀天皇の崩年干支

しい。どちらもありうる。ただ、二五八年説では従来、垂仁天皇の在位年数が『書紀』においては九十九年、年齢百四十歳（『古事記』は百五十三歳）の長寿の伝承をもっていたことを考慮に入れて、二五八年説が主張されてきた。

†稲荷山鉄剣銘文

崇神天皇の実年代を考える材料として稲荷山鉄剣銘文がある。

この鉄剣は、武蔵国の北部（埼玉県行田市埼玉（さきたま））の埼玉（さきたま）古墳群の中の大型前方後円墳である稲荷山古墳（全長百三十八メートル）の礫槨（れきかく）の中から発見されたものである。稲荷山古墳の築造年代は五世紀末で、この埼玉古墳群の中で一番古いものである。後円部に三つの埋葬室があって、粘土槨と礫槨の二つはいずれも中軸をはずれたところにあり、浅い。他方この古墳の墳頂中央部には被葬者の宗主とみられる第一義的な主体部があるとみられているが、まだ発掘には至っていない。

この鉄剣は、辛亥年（四七一）七月の銘文をもち、雄略天皇の時代のヲワケ臣（おみ）の八代の祖先系譜がのせられている。以下、全文を記す。

辛亥年七月中、記す。乎獲居臣、上祖、名は意富比垝、其の児多加利足尼、其の児、名は弖已加利獲居、其の児多加披次獲居、其の児、名は多沙鬼獲居、其の児、名は半弖比、其の児、名は加差披余、其の児、名は乎獲居臣。世々、杖刀人首と為り、奉事し来り、今に至る。獲加多支鹵大王の寺、斯鬼宮に在る時、吾、天下を左治し、此の百練の利刀を作ら令め、吾が奉事の根源を記す也。

ヲワケ臣の系譜は次のようになる。

上祖の①オホビコ、②タカリノスクネ、③テヨカリワケ、④タカハシワケ、⑤タサキワケ、⑥ハテヒ、⑦カサハヨ、⑧ヲワケ臣の八代の系譜である。

この鉄剣銘文については、種々の議論があり、それらについては筆者も考察したが、(25)それとは別に銘文にでてくる上祖の意富比垝（オホビコ）についてのみ考えたい。

†オホビコ伝承からみた戊寅＝二五八年説

『古事記』の崇神天皇の段には、大毗古命のいわゆる「四道将軍派遣」の話として高志（越）に派遣されたとあり、『書紀』でも崇神天皇紀十年七月条に、大彦命が北陸道に派遣された記事がみえる。このオホビコ命は、孝元天皇の御子であったとする。この記・紀にみえるオホビコ命が鉄剣銘文にみえるオホビコと同一人物とみてよいか。上祖オホビコはいつ頃の人物と考えられるか。

この点では田中卓（たかし）[26]の推測がなされている。田中は、ヲワケ臣の八代系譜が「児―児」という父子系の系譜であることから、一世代（ふつう一世は三十年とされている）を後代の皇統譜のなかで確かめ、結論的には平均して一世代＝三十年になるという。そこで田中は辛亥（四七一年）の時点でヲワケ臣は何歳であるかわからないので、二十歳である場合と五十歳の場合とでは、それだけで一世代の差が生ずるので幅をもたせて以下のような計算をした。

471年－〈30年×(7～8代)〉＝261～231年

オホビコが活躍した時代は計算上、約二六〇～二三〇年頃となる。したがって、右の年代の推測は崇神天皇の時代（崇神の崩年戊寅を二五八年とみる）とも合う。

右の方法は、オホビコを通して崇神天皇の崩年戊寅を推定しようとするものであるが、その前提として崇神天皇の代にオホビコが活躍したとする話を確かな伝承にもとづいたものと考えてのことである。これを証明することはむずかしいが、この点すでに取りあげた継体天皇紀二十四年二月条が参考となる。

そこでは、継体天皇の詔がのべられているが、その中で「磐余彦（神武）の帝、水間城（崇神）の王」以来、世の隆盛は博物の臣、明哲の補佐によってきた。具体的には「道臣、謀を陳べて、神日本（神武）以ちて盛なり。大彦、略を申べて、胆瓊殖（崇神）用ちて盛にましましき」との君臣関係がのべられている。

この詔は『書紀』編纂時の造作・作文ではあるものの、「詔」をつくりあげた伝承の核に第一次の「初国シラス天皇」（初めての建国者）である崇神天皇と大彦との君臣の義が強調されている。一方、二次的な「ハツクニシラス天皇」（『古事記』にはこの称号はみえない）である神武は、この継体朝頃に明確に姿を現してくるもので、この詔の伝承の核になっているのは、第一次的「初国シラス天皇」である崇神であろう。そして、そこでは「イニエ―オホビコ」の君臣関係が一対となって伝承されてきたことが推測される。〝イニエ〟が崇神の実名であることはすでにのべた。

以上、オホビコ伝承を通して崇神天皇の崩年を二五八年の戊寅であることを考察してきた。戦後の見解では、「初国知ラス天皇」である崇神天皇は、まさしく古墳時代（前方後円墳）の幕開けにふさわしい存在として、古墳時代の開始と重ねあわせて、戊寅＝三一八年説が主張されていた。しかし、近年では古墳時代（前方後円墳）の出現が三世紀末・四世紀初から、五十年ほど前の三世紀中頃に遡ったことによって、戊寅＝二五八年説が有力説として再び注目されるようになってきている。

結論的には、畿内ヤマトの邪馬台国は初期ヤマト政権（記・紀の）と一致すると考えられる。まだ紀年としては不安はあるが、三世紀中盤から後半段階のヤマトは王統譜十代の崇神天皇、十一代の垂仁天皇の時代であって、九州の女王国（ヒミコ、イヨ）と併存し、ときには対立した関係にあったものと思われる。そして、伝承的には十二代景行天皇の時代に、九州の女王国は滅び去ったと思われる。それがいつ頃かは、今の筆者には明確にできないが、三一三、三一四年の高句麗による楽浪郡・帯方郡の滅亡あたりが一つの目処（めど）となるであろう。

注

（1）白石太一郎「考古学からみた邪馬台国と初期ヤマト王権」（橋本輝彦他『邪馬台国からヤマト王権へ』）。

(2) 小林敏男「日本古代国家の形成を考える」(『日本古代国家形成史考』のⅢ、校倉書房、二〇〇六年)。

(3) 門脇禎二「ヤマト朝廷からヤマト地域国家論へ」(『古代史をどう学ぶか』所収、校倉書房、一九八六年)。

(4) 原秀三郎「日本古代国家の起源と邪馬台国——日本史と新古典主義」(『国民会館叢書51』二〇〇四年)。

(5) 小林敏男「安閑天皇紀のいわゆる『武蔵国造の乱』の記事をめぐって」(『日本古代国家形成』の第七章、吉川弘文館、二〇〇七年)。

(6) 小林敏男「稲荷山古墳出土鉄剣銘文について」(『日本古代国家の形成』の第四章)。

(7) 住野勉一「石衝別王者羽咋之祖」(横田健一編『日本書紀研究』21冊、塙書房、一九九九年)。

(8) 都出比呂志「国家形成の諸段階——首長制・初期国家・成熟国家」(「歴史評論」五五一号、一九九九年)。広瀬和雄『前方後円墳国家』中公新書、二〇〇三年。

(9) 西嶋定生「古墳と大和政権」(「岡山史学」十号、一九六一年)。

(10) 都出比呂志、前掲(8)に同じ。

(11) 小林敏男『日本古代国家形成史考』のⅡ・Ⅲ章。

(12) 栗田寛「古人名称考」(「栗里先生雑著」巻九、明治三十二年十月、『栗里先生雑著三』所収、現代思潮社、一九八〇年)。栗田は崇神・垂仁・景行天皇などの御名が長くなっているのは、常の御名(イニエ、イサチ、オシロワケ)に尊称を加えたものであろうといわれている。徳田浄『神代文学新考』一九八〇年。徳田は神武から仲哀天皇の名は、称号が上位で、実名が下位にある複名であるとしている。穂積陳重・穂積重行校訂『忌み名の研究』五七～二一七ページ、講談社学術文庫、一九九二年。穂積は、複名は実名を敬避するために行われたとしている。なお、文庫本は、穂積陳重『実名敬避俗研究』(大正十三年)を文庫化したもの。

(13) 吉村武彦『ヤマト王権』三四ページ以降、岩波新書、二〇一〇年。吉村は、神武と崇神の二人の「ハックニシラス天皇」について、「国」という統治範囲を示す崇神の「ハックニ」から「天下」の観念をもつ神武の「ハックニ」への展開を指摘している。
(14) 小林敏男「歴代天皇の呼称をめぐって」(『日本古代国家形成史考』Ⅵの4)。
(15) 小林敏男「神武天皇太歳甲寅年について」(『日本古代国家形成史考』所収)。
(16) 顓頊暦の暦元甲寅については、橋本敬造「顓頊暦元と歳星紀年法」(『東方学報』59、一九八七年)を参照のこと。
(17) 三品彰英「紀年新考」(那珂通世著・三品彰英増補『増補上世年紀考』所収)。
(18) 橋本増吉『改訂増補 東洋史上より見たる日本上古史研究』の25「紀年の推定」東洋文庫、一九五六年。
(19) 安本美典『新版 卑弥呼の謎』一九八八年。
(20) 神田秀夫『古事記の構造』明治書院、一九五九年。
(21) 和田萃(あつむ)『大系 日本の歴史2』小学館、一九八八年。
(22) 小林敏男「崩年干支の信憑性について」(『日本古代国家形成史考』Ⅷの3)。
(23) 当年称元法は、前君主の死去にともない、その年の途中でも新君主の元年を称えるもの、また越年称元法は、前君主の死去の年はその君主の時代として、翌年の正月を新君主の元年とするもの。
(24) 小林敏男『日本古代国家形成史考』三〇〇ページ。
(25) 小林敏男「稲荷山古墳鉄剣銘文について」(『日本古代国家の形成』第四章)。
(26) 田中卓「稲荷山鉄剣銘文について」(『田中卓著作集3巻――邪馬台国と稲荷山刀銘』国書刊行会、一九八五年)。

おわりに——ヤマト王権へ

†ヤマト政権の朝鮮進出

畿内ヤマトの邪馬台国は、初期ヤマト政権（記・紀にみる、のちのヤマト朝廷）に重なることをのべたが、このヤマト政権は九州の女王国を滅ぼし、やがて四世紀後半には朝鮮半島にはっきりとした姿を現すのである。

この時期の同時代史料としての金石文で注目されるのは、石上神宮蔵の七支刀銘文と中国吉林省集安県にある高句麗好太王碑文（広開土王碑文ともいう）である。

前者の七支刀銘文は、東晋の泰和（太和）四（三六九）年の銘文をもつが、この時期の高句麗の南下による百済の対抗、百済と倭国の国交開始と軍事同盟の成立を示すものである。

この七支刀についてては、東晋の影響力の下で、百済肖古王の世子貴須王が倭王に軍事同盟提携の証(あか)しとして七支刀を贈ったもので、『書紀』にも、神功皇后紀五十二年(修正紀年三七二年)条に百済から七枝刀(ななさやのたち)や七子鏡が献上されたとあって、七支刀銘文と付合する。また神功皇后紀四十六年(修正紀年三六六年)の条には、百済と倭国(日本)との国交開始の契機となった「甲子」の年(三六四年)が「百済記」の干支(かんし)を『書紀』編者が引用したものとして注目されている。

後者の好太王碑文については、高句麗と倭・倭人との交戦記事が基軸となっているが(碑文の倭・倭人・倭賊の出現箇所は多数にわたり十二ヵ所を数える)、背景にあるのは高句麗の南下政策と百済の対抗である。倭国は百済との軍事同盟の提携上、朝鮮半島に進出してきたことは間違いない。好太王碑文では倭が高句麗の主敵であったというようにみえる。倭国の軍事指揮下に百済が組みこまれているのではないかという認識が高句麗側にあったのではないかと思われる。(1)

こうした倭国の朝鮮半島への進出の背景には、東夷世界における大国化、そしてそれゆえ、文明・文化の移入が必須であった。

†新羅征討

さて、史料としては、朝鮮側の史書であるが、『三国史記』新羅本紀の倭・倭人関係の記事も注目すべきである。

好太王碑文でも倭兵が新羅にたびたび侵攻していったことがみえるが、同じような性格の記事は『三国史記』新羅本紀にもみえる（具体的には、佐伯有清編訳『三国史記倭人伝』[2]の付録の表参照）。史料の信憑性をめぐっては議論はあろうが[3]、例えば新羅訖解王三十七（三四六）年条には倭兵が風島に来襲して辺戸を抄掠し、また金城（王城）を囲んだとの記事がみえる。さらに奈勿王九（三六四）年には倭兵が大いに至る……倭人、敗走するとある。同じく奈勿王三十八（三九三）年には倭人が来りて金城を囲む……大いに之を敗るとの記事がみえる。

こうした新羅征討の話は『書紀』にもみえている。問題点、議論の多い神功皇后紀四十九年（己巳）や六十二年（壬午）の記事である[4]。

二つの記事は、いずれも朝鮮側の「百済記」（朝鮮の史料であるが、『書紀』にのみ引用される形で伝わっている史書）にもとづく説話であって、それゆえ信憑性のあるものとして、その史実が追究されてきた。

己巳年（修正紀年三六九年）の事件は、倭国が上毛野氏の祖である荒田別・鹿我別らを将軍として派遣して、加羅の卓淳から新羅を襲撃したこと、その後戦線を拡大して加羅の七国を平定した話が続く。その軍事行動は大規模で画期的な出兵であったといわれているものであるが、矛盾した部分もあって、したがって批判も強く、まだ確定的なことはいえない状態にある。

一方、壬午(修正紀年三八二年)の事件は、新羅が入朝してこなかったことに対して、天皇は襲津彦(「百済記」では沙至比跪)を派遣したが、ソツビコは新羅を討たず、反って加羅を討ったという話である。かなり説話化されているので史実を究めることは難しいが、壬午年(三八二)、ソツビコが新羅を征討しようとして渡海したという点は史実として動かないとみている。

†ヤマト王権の成立

以上、四世紀後半になるとヤマト政権(王権といってよいが)が朝鮮半島にはっきりと姿をみせてくるのであり、それは高句麗の南下とこれに対する百済の対抗、そして倭国と百済との軍事同盟や倭国と新羅との対立という東アジア情勢に帰因していた。ヤマト王権を考える点で『書紀』がこの時期から『書紀』批判を前提としてであるが、十分活用できるのであり、その成果は十分期待される。

最後に補足しておきたいのは、ヤマト王権の「王権」概念であるが、三世紀段階の畿内のヤマト政権が九州の女王国を滅ぼし、朝鮮半島へ進出していく四世紀半以降の時期をヤマト王権の成立と考えている。いわばほぼ全国にわたって、軍事指揮権・外交権・交易権を統括する地位に立てた段階の政権を王権とよんでよいと考える。そしてその支配体系は、すでにのべたように筆者のいう人的結合国家であり、王と各地の有力首長との間の人格的な支配—隷属関係（人と人との関係性）である。

注

（1）小林敏男「好太王碑文『辛卯年』銘の検討」（『日本古代国家の形成』第三章の二）。
（2）岩波文庫、一九八八年。
（3）三品彰英『日本書紀朝鮮関係記事考証 上巻』一七〇、一七一ページ、吉川弘文館、一九八三年。
（4）小林敏男「神功皇后紀における新羅征討記事について」（『日本古代国家の形成』第三章の三）。

あとがき

邪馬台国については、邪馬台国ブームにも与(あずか)って、講演会、シンポジウム、市民講座、大学の講義など、様々な場面で長い間、自分の見解をのべてきた。

世間的に一番興味があると思われるのは、所在地論争であろうが、石母田正(いしもだしょう)・藤間生大(とうませいた)両氏の英雄時代論に共感していたこともあって、私は大学の学部時代から終始、邪馬台国九州説で通してきた。世間的にもその方が人気があった。

その後、考古学や東洋史（中国史）の研究の進展もあって、近年では筆者の見方もだいぶ変わってきている。『魏志』倭人伝だけのスケッチでは国家形成史像が平板で、最後にはわけのわからぬものに終わってしまう場合も多い。その意味でもあらためて、『古事記』『日本書紀』にも目を向け、それらを活用（分析）する時期にきているのではないかと思っている。

本書の核心にあるのは、陳寿の史料操作によって同一化された女王国と邪馬台国をいかにうまく引きはなして別個の国として提起できたかである。結局、それは読者の判断にまつより仕方がないのであるが、一番気になるところである。私がこうした考えに至ったのは、橋本増吉氏の大著『改訂増補　東洋史上より見たる日本上古史研究』（東洋文庫、一九五六年）に惹かれたからである。千ページをこえるこの大著は精緻な実証主義精神に貫かれていて、日本の古代国家形成を考える上で大きな魅力をもっている（この書の第一篇「邪馬台国論考」の部分は、橋本増吉著・佐伯有清解説『邪馬台国論考1～3』（東洋文庫、平凡社、一九九七年）として刊行されている。是非一読されたい）。

ところで、ここにきて邪馬台国だけでなんとか一冊の新書を出版したいと願うようになった。この願いを後押ししてくれたのは、大学の時の同僚であって、日頃、研究会などを通して親交のある宮瀧交二さんである。宮瀧さんには筑摩書房のちくま新書編集長、松田健さんを紹介していただいた。松田さんには本書の狙いや概要を丁寧に聞いていただき、快く出版を引き受けていただいた。深く感謝申し上げたい。

ちくま新書
1628

邪馬台国再考
——女王国・邪馬台国・ヤマト政権

二〇二二年一月一〇日　第一刷発行

著　者　小林敏男（こばやし・としお）
発行者　喜入冬子
発行所　株式会社 筑摩書房
東京都台東区蔵前二－五－三　郵便番号一一一－八七五五
電話番号〇三－五六八七－二六〇一（代表）
装幀者　間村俊一
印刷・製本　株式会社 精興社

ISBN978-4-480-07436-2 C0221

ちくま新書

1300
古代史講義
——邪馬台国から平安時代まで
佐藤信編
古代史研究の最新成果と動向を一般読者にわかりやすく伝えるべく15人の専門家の知を結集。列島史の全体像が1冊でつかめる最良の入門書。参考文献ガイドも充実。

1579
古代史講義【氏族篇】
佐藤信編
大伴氏、物部氏、蘇我氏、藤原氏から源氏、平氏、奥州藤原氏まで——各時期に活躍した代表的氏族の展開を、最新研究から見通し、古代社会の実情を明らかにする。

1576
埴輪は語る
若狭徹
巫女・馬・屋敷等を模した様々な埴輪。それは古墳に飾り付けられ、治世における複数のシーンを組み合わせて再現して見せ、「王」の権力をアピールしていた。

1207
古墳の古代史
——東アジアのなかの日本
森下章司
社会変化の「渦」の中から支配者が出現した、古墳時代の中国・朝鮮・倭。一体何が起こったのか。日本と他地域の共通点と、明白な違いとは。最新考古学から考える。

1192
神話で読みとく古代日本
——古事記・日本書紀・風土記
松本直樹
古事記、日本書紀、風土記という〈神話〉を丁寧に読みとくと、古代日本の国家の実像が見えてくる。精神史上の「日本」誕生を解明する、知的興奮に満ちた一冊。

1570
持統天皇と男系継承の起源
——古代王朝の謎を解く
武澤秀一
自らアマテラスとなり、タテの天皇継承システムを創出した女性天皇の時代の後、なぜ男系継承の慣例が生じたのか？　平城京を三次元的に考察してその謎を解く。

1555
女帝の古代王権史
義江明子
古代天皇継承は女系と男系の双方を含む「双系」的なものだった。卑弥呼、推古、持統らに焦点を当て古代王権史を一望。男系の万世一系という天皇像を書き換える。